U0781602

直播带货
商品爆卖新模式

赵文锴 著

台海出版社

图书在版编目（CIP）数据

直播带货：商品爆卖新模式 / 赵文锴著. —北京：台海出版社，2021.11

ISBN 978-7-5168-3146-5

Ⅰ. ①直… Ⅱ. ①赵… Ⅲ. ①网络营销 Ⅳ. ①F713.365.2

中国版本图书馆CIP数据核字(2021)第198304号

直播带货：商品爆卖新模式

著　　者：赵文锴

出 版 人：蔡　旭　　　　封面设计：鸿蒙诚品

责任编辑：吕　莺

出版发行：台海出版社

地　址：北京市东城区景山东街20号　　　　邮政编码：100009

电　话：010-64041652（发行，邮购）

传　真：010-84045799（总编室）

网　址：www.taimeng.org.cn/thcbs/default.htm

E-mail：thcbs@126.com

经　销：全国各地新华书店

印　刷：三河市华晨印务有限公司

本书如有破损、缺页、装订错误，请与本社联系调换

开　本：710毫米×1000毫米　　1/16

字　数：203千字　　　　印　张：13.25

版　次：2021年11月第1版　　　　印　次：2021年11月第1次印刷

书　号：ISBN 978-7-5168-3146-5

定　价：59.80 元

版权所有　翻印必究

序一 PREFACE

直播带货：主播的风口，电商的未来

直播带货，实际上创造了一个新的销售渠道。渠道为王，每一个全新渠道的诞生，都是新的风口。淘宝京东等电商的兴起，创造了一个全新的线上渠道，给线下门店带来的巨大冲击大家有目共睹。而直播带货，便是更新的渠道。

——交个朋友科技首席推荐官、带货达人　罗永浩

2018 年，淘宝开启“直播元年”，直播带货逐渐发力，并发展成为电商在新时代的新产业。

2019 年，直播带货呈现出了极强的爆发性，新市场缓缓在人们眼前浮现。

2020 年，直播带货再度升温，互联网用户跨入“全民直播”时代。

一时之间，朋友之间见面似乎都不再询问“吃饭了吗”，而是与时俱进地问一句“最近直播了吗，现在有多少‘粉丝’了”。

直播带货头部主播每场庞大销售额的背后是无数观众“买”出的新风口，直播带货已经成为商家营销的新利器以及电商销售模式强劲增长的重要因素，同时它也在深度改变大众的消费习惯，成为新的消费文化。直播的出现，将人们在电

商平台的购物行为从“人找货”，变成了“货找人”。直播电商重构了“人、货、场”的关系，提升了交易效率。以往，某个厂家的库存量依靠传统电商可能需要一个月的时间才能售空，但现在，仅需要主播做一两场直播带货就能卖得很快，速度之快令人咋舌。

商家资金回笼、观众省钱购物、主播名利双收，无论从哪方面来看，都是三赢的结局，尤其是这种商业模式还铸就了一个新的市场。

然而，纵使梦想再丰满，我们也得承认，有些用户虽然抱着带货的念头也在电商主播平台开通了账号，但由于之前没有接触过直播，他们对于直播的前期策划和带货技巧以及工作流程等相关知识在脑海里并没有一个清晰的概念，因此直播效果从各个方面来看都很稚嫩。

做好直播带货的前提需要主播了解并掌握行业中相关工作的流程与技巧，只有先学会这些知识，我们才能在直播领域实现带货赚钱的目的。而如何从一个个默默无闻的主播成长为具有影响力的带货员，需要新入门的主播进行深度思考并积极学习。

本书在撰写前积累了大量写作素材和直播带货方法，并通过线上采访了多位活跃在直播带货领域的知名主播，与他们进行过深入的探讨。在保证直播带货新主播能够轻松阅读的前提下，本书循序渐进，针对不同情境，给出了相应的进阶方法的介绍和实操方向的推荐。

除此之外，本书更具实用性，在本书里你不会看到任何带有说教成分的言论。通过深入阅读你会发现，读书的过程好似与一群同样热爱直播的朋友在进行着一场有趣而不单调的“头脑风暴”，在研习理论知识的同时激发自己内心深处的直播灵感，让自己能够完全参与到直播带货的策划及制定个人方向的工作之中。我们知道，很大一部分新主播的“痛点”，在于前期起步艰难，各项工作汇聚到一起不知从何入手。因此，为解决新主播的困惑，本书从海量资料中特别挑选并精简出十一个部分的内容，分别为“直播带货的底层逻辑”“直播定位”“开播前的准备工作”“直播带货营销要点”“国内主流直播平台介绍”“推广引流”“低价选品”“前期上手”“商品介绍”“直播复盘”“主播技巧借鉴”，为刚入门的新人主播解决带货直播中最常见的问题。

最后，笔者由衷地向那些热爱直播、准备加入直播带货行列的读者朋友们送上真挚的祝福，愿你们在直播带货的风口中突破自我，抓住未来！

序二
PREFACE

以梦为马，不负韶华

2020年中秋节，宁宁陪家人吃过晚饭后，连月饼也没吃就匆忙地回到了自己的房间，她熟练地将手机用支架固定好，仔细检查了一遍面前的商品，确认无误后开始了自己的带货直播。这是宁宁在做带货直播的第三个月，直播间里观众来来回回基本能维持在100个左右。相比于那些名声显赫的大主播，尽管来看宁宁直播带货的观众不是很多，却依旧无法抵挡宁宁对直播的热情。面对惨淡的直播间人气，宁宁曾在自己的微博首页上如此说道："罗马不是一天建成的，我相信每个大主播都是从小主播成长起来的。"

与那些各大电商平台上的全职主播相比，宁宁并没有太多的压力，最多也就是直播时看的人少一点，带货销量低一点，并不涉及其他利益。宁宁有一份稳定的正式工作，做带货直播只是为了探索职业道路上的另一种可能。尤其是在目前，这让宁宁更加迫切地想要在其他领域提升自己。"一切都是为了梦想、发展以及更好的未来"，这是宁宁几个月前向朋友宣布自己将要做带货主播时所说的话，无论未来是好是坏，她表示"自己已经准备好了"。

当前，与宁宁有着类似想法的人还有很多，他们利用业余时间做直播带货，希望能在直播带货的大风口下有机会分上一杯羹。

中秋节当天，几乎是在宁宁开启直播的同时，居住在秦皇岛的海洋也在某平台进行直播，与宁宁相比，海洋直播带货的事业已然走上了正轨。海洋春节后一直在家通过远程办公进行工作，减少了通勤让海洋的生活拥有了更多的业余时间，于是如何利用这些“多余”时间便成为海洋的“难题”。

海洋喜欢野外写生，可由于疫情的关系，除了偶尔出门买菜，她几乎整天待在家里，“宅”成为2020年上半年国内年轻人的主流生活方式，“95”后的海洋也没能例外。最开始，海洋通过观看“老港片”来打发大量空闲时间，可到后来，随着《警察故事》《A计划》《最佳拍档》《奇谋妙计五福星》等电影的二刷甚至三刷，海洋终于有些待不住了。海洋本就是一个好动的女孩，用她自己的话说就是“再待下去身体都要发霉啦”。

有一天，海洋无意间点开了罗永浩的直播间，看了一会儿，就被直播间密密麻麻的弹幕氛围所吸引，她也开始和其他观众一样，一边看罗老师直播带货，一边发送互动弹幕。这是海洋第一次看直播带货，她记得非常清楚，那天是4月1日，因为当天下午刚被同事在线上戏弄过。这次之后，一有时间海洋就会“遁入”大主播的直播间，看他们直播带货。同时也萌生了自己做直播带货的想法。

海洋空闲时，不断模仿着那名主播的带货模式，通过几次试播，海洋不断地对自己的直播风格做出调整，在尽量保留那名主播特点的基础上，加入一些更适合自己发挥的元素。海洋的直播效果越来越好，这种几乎照搬的带货模式让她在短短四个月时间里便“吸粉”20万，平均每场直播的销售额在3000元左右，而这个数据还在阶段性地持续增长当中。

直播带货成就了很多“网络红人”，同时也使更多人前赴后继地涌向这个行业，他们迫切希望自己有一天也能够完成自己身份的蜕变。但遗憾的是，并不是每个人都能抓住机会，迅速成功的。究其缘由，是多数新主播并不了解直播技巧，也从未对直播带货行业进行过研究。直播带货看似容易，可真正操作起来却并不简单。如何能让自己的直播吸引更多人的关注？如何在选品时将商品价格压到最低？如何增加现有“粉丝”黏性……这些都是主播需要投入精力学习领悟的。

本书以深入浅出的方式呈现直播带货流程精细化运作的每一个细节，手把手教导零基础用户快速成长。本书既适合带货新主播、带货达人，也适合希望借助直播带货模式实现商业变现的企业、品牌或商家，还可用作高等院校市场营销、新闻传播等专业的学生培训教材。愿每名读者都能在阅读过程中有所收获，同时也对那些在直播带货道路上勇敢追梦的年轻人予以最真挚的祝福。

祝愿你们以梦为马，不负韶华！

目 录

CONTENTS

第 1 章

看清底层逻辑：直播带货的本质是什么

电商的“玩法”层出不穷，从传统电商的O2O、C2C等销售模式，到如今的“网红”直播带货模式，电商的“玩法”究竟有什么改变？直播带货的内核逻辑到底是什么？决定直播带货走向的因素有哪些？直播带货的前景如何？这一章，我们将重点围绕直播带货的商业模式进行全方位解读。

什么是直播带货，它的本质又是什么

随着移动互联网的发展以及智能手机的普及，“电商平台 + 明星网红 + 网络直播”这种新兴的商品销售模式迅速崛起。各路明星、“网红”的陆续入场令“直播带货”被众人所熟知。这些参与直播带货的明星、“网红”接连创造出一个又一个的销量神话，他们在赚得盆满钵满的同时也刺激、吸引到了大批新人进场。那么网络上越来越火的直播带货，它的本质又是什么呢？

什么是直播带货

对日常生活中经常观看直播的读者朋友来说，“直播带货”的概念并不难理解，直播带货指的是商家通过一些互联网平台，使用直播技术进行商品线上展示、咨询答疑、导购销售的新型服务方式，具体形式可由店铺自己开设直播间，或由职业主播集合进行推介。目前带货平台有很多，除此之外，新的电商平台也开始在直播带货的模式上发力，投入大量资金吸引有名气的明星、“网红”入驻自家平台。

相比于传统电商，直播带货在获客上拥有更多优势，究其原因一方面，直播带货互动性、亲和力更强，屏幕前的用户可以像在大卖场一样，跟卖家进行“面对面”的交流甚至讨价还价；另一方面，直播带货吸引用户的点在于，这种销售模式往往能够绕过经销商等传统中间渠道，主播直接与厂家达成合作，做到全网最低价，彻底实现了商品和消费者的对接。特别是对主播而言，直播的本质是让观众们看广告，需要通过“限时秒杀”“优惠券”“买一赠一”等手段提供最大的优惠力度，才能吸引消费者，“粘住”消费者。直播带货可以帮助消费者提升消费体验，为许多质量有保证、服务有保障的产品打开销路。

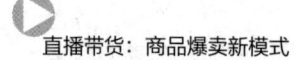

事实上，直播带货这种营销模式并不是近几年才出现的，从本质上来说，直播带货更像是许多年前流行一时的电视购物的升级版。对比一下电视购物和直播带货，就能发现其实两者只是出现在不同的时代背景下，但它们的本质逻辑是一样的，都是竭尽全力地去与“粉丝”和观众进行沟通，在特定的环境中展示产品的卖点，以达到成交的目的。

不过利用网络进行直播带货的优势在于可以和观众实现实时互动。当观众有问题时可以直接在直播间发弹幕询问，主播能够与观众实现隔屏互动，在线帮助观众答疑解惑，这一点极大程度上还原了线下消费的场景。除此之外，带货的主播也在直播间极力营造一种老友聊天的场景，迅速拉近与观众之间的距离，带动直播间的气氛。种种优势结合在一起，大大提高了用户的网购体验。

直播带货的本质在于营销，而营销的本质又在于建立与用户的信任。从传统的线下零售到互联网时代的内容电商、“网红”直播，销售的本质都没有改变，只是在销售渠道上不断换代更新。在过去商品生产还没有像今天这么丰富、信息传播手段较为单一的广播电视时代，人们会从电视购物看着电视里主持人诚恳的表情，听着电视里的主持人不停地说：“不要 2888，不要 1888，不要 888，只要 588，× × 产品带回家”，这种煽动力让人纷纷拨打订购热线。

而现在，当互联网时代来临，商品生产进一步丰富，传播手段也更为多元化，直播带货这种模式便应运而生。直播带货，产出的依旧是那些推销的内容，只不过承载信息的渠道发生了质的变化。

如今视频类营销依然处在风口期，严格来说，图文、短视频以及音频都可以带货，但效率最高的带货形式还是直播。视频的表现形式远比图文更具直观和更有冲击力。

而 5G 时代的来临也令视频如虎添翼，过去的广告宣传单调动的是消费者的视觉；当电视导购节目出来时，消费者不仅可以看，还可以听；而现在直播带货这种模式出现后，消费者不但可以听、看，还有主播亲自为消费者试用产品、跟消费者聊天互动，360度全方位的调动着消费者的感官，刺激消费者的神经，继而使消费者“冲动”下单。这就是为什么有些人平时消费很理性，但是一接触主播直播带货会忍不住“剁手”的原因。

直播带货的参与者有哪些

与许多成熟产业一样，直播带货发展至今也形成了一条较为完整的产业链条，这里面的角色有：产品供应商、MCN机构（主播）、直播平台以及电商平台。

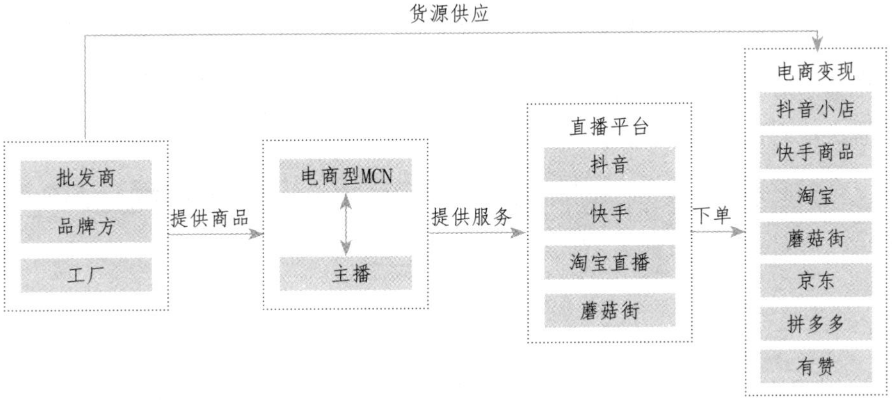

图1-1　直播带货产业链

产品供应商：供应商是整个直播带货产业链的第一环，包括品牌方、工厂、批发商在内，正是由于供应商的加入，做到了商品的持续生产和供应，才能够保证在接下来的主播直播带货中商品能源源不断地通过物流快速送到消费者的手中。

MCN机构（主播）：MCN机构全称为“Multi-Channel Network”，是一种多频道网络的产品形态，将PGC内容联合起来，在资本的有力支持下，保障内容的持续输出，从而最终实现商业的稳定变现。我国MCN机构数量增长迅速，2016年尚不足500家，到2017年飞速增至1700家，2018年更是一举突破5000家。到

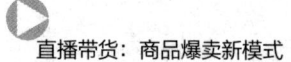

2019 年，我国 MCN 机构数量达到 6500 家。迄今早已破万。这些机构各有各的运营方式，但目的基本上一致，都在试图将旗下主播往带货方向去培养。我们所熟知的诸如一些直播带货“网红”，都是有 MCN 机构在背后默默支持的。

当然，也并不是所有的主播都有 MCN 机构扶持，不少主播内心是不希望受到合同条款的约束，从而选择“单打独斗”，不与任何 MCN 机构签约。

在直播带货产业链中，MCN 机构和个人主播承包了直播的主要工作，数以亿计的消费者，正是通过这些主播的直播间，购买了自己心仪的商品。

直播平台：直播在我国早已不是新鲜事物，早在 2016 年的时候就已经兴起，2016 年被业内人士称为“直播元年”。直播带货也在这一年得到了充分发展，但并未形成一种趋势，直到 2019 年，淘宝直播的兴起，使“网红”直播带货这种方式渐渐成为主流。一些知名主播的带货数据，让很多人见识到了直播带货的能力，同时也吸引了无数商家抛出重金寻求合作，至此，直播带货“破圈”成功，成为媒体关注的社会焦点。

在电商直播形成潮流之前，网络平台的直播种类大致可以分成三大类（如图 1-2）：

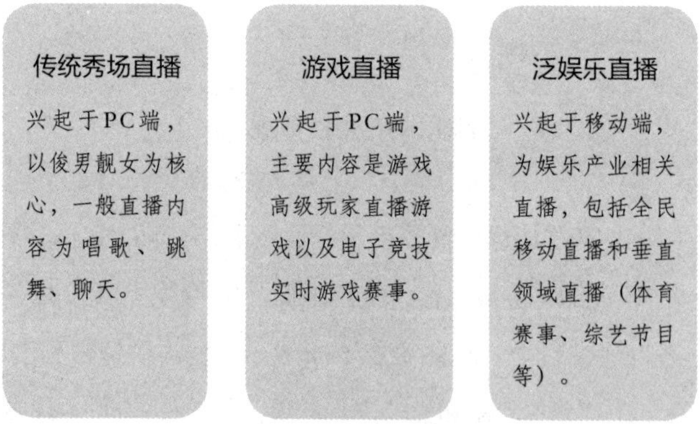
传统秀场直播
兴起于PC端，以俊男靓女为核心，一般直播内容为唱歌、跳舞、聊天。
游戏直播
兴起于PC端，主要内容是游戏高级玩家直播游戏以及电子竞技实时游戏赛事。
泛娱乐直播
兴起于移动端，为娱乐产业相关直播，包括全民移动直播和垂直领域直播（体育赛事、综艺节目等）。

图 1-2　直播内容三大热门分类

早期主播想通过直播变现，最主要的方式是依靠观众或“粉丝”打赏，但是这种模式理论上并不能持续太久，因为很多刚接触直播的观众出于对新鲜事物的好奇，愿意自掏腰包“打赏”主播。但新鲜劲过了之后，绝大多数归于理性的观众就不会或是很少再花钱进行“打赏”了。因此，无论是主播还是平台管理者都迫切地在现有盈利模式（打赏）彻底失去吸引力之前找到全新玩法（盈利模式），因而“直播带货”这种线上卖货的新模式横空出世。

毫不夸张地说，直播带货的出现从某种程度上来讲是拯救了直播，甚至重塑了直播行业。它使直播行业与销售行业紧密联系在了一起，为众多企业、生产厂商提供了一条卖货能力极强的销售渠道。目前直播带货平台综合实力最强的当属天猫和淘宝。2020年“6·18消费季”大促活动期间，天猫用户累计下单金额达到6982亿元人民币，足以证明天猫的吸金能力，而在“6·18消费季”活动期间天猫交出的这份“成绩单”中，直播带货功不可没。但对于消费者而言，直播变得越来越触手可及，他们开始习惯走进直播间挑选自己心仪的商品，创造了一种全新的消费场景。

直播带货的核心玩家，是受益者，也是金主。天猫之所以能做到这么大，离不开全国千千万万的卖家，也离不开自身影响力。作为中国最大的电商平台，天猫结合直播带货为商家们指明了新的方向——做直播。于是，无论是年销售额过亿的品牌大店，还是刚刚上线淘宝的夫妻创业小店，越来越多的商家及个人纷纷开始做起了直播，或者直接找“网红”直播。目的只有一个——多卖货。

不过随着直播带货的发展，各个平台属性不同，也导致了现在直播间的“玩法”越来越复杂，从最早给出优惠券，让消费者去购买，到现在主播一定要讲功效、亲身试用、唱歌跳舞、和商家打电话砍价、和小助理“吵架”、耐心回答各种奇葩提问，制造抽奖、秒杀等高潮，消费者才会勉强领取优惠券。

其实从直播带货的玩法演变中我们可以看到，消费者对于直播和主播的要求越来越高，主播只有尽其所能搞好直播内容，才可能有消费者下单。直播带货的市场很大，具体有多大，谁也说不清，有人说是千亿级的市场，也有人说是三千亿级的市场，但就目前发展来看，直播带货这场“战事”才刚刚开始而已。

直播带货的核心价值，到底是直播还是带货

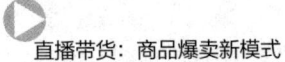

对于绝大多数主播以及想要加入直播的人来说，他们往往都忽略了一个十分关键的问题：直播带货的核心价值，到底是直播还是带货?

2020 年 7 月初,《中国日报》针对“看直播带货，你下单主要是因为主播还是货”这一问题在微博发起了投票活动，在参与投票的 4910 名微博用户中，仅有不到 25% 的用户将票投给了“主播”，更多的用户则认为“货”才是直播带货的核心。

事实的确如此，对于直播带货来说，主播以及直播的内容都是服务于商品的，若是商品性价比不高，甚至以次充好，消费者是不会买单的。一场直播能卖出多少货，不仅是对商品的一种检验，同时也是对主播选品的一种考验。

对主播来说，想要完成一场直播带货，通常需要经历以下四个步骤（如图 1-3）。

图 1-3　主播直播带货流程图

供应链选品

对主播来说，供应链选品是开启一场直播带货活动中最重要的一环，什么样

的商品好卖？直播带货的天然属性以及无数案例已经将答案摆在我们面前——低价格、高频率、高溢价的商品更能在竞争激烈的直播带货大环境里吃得开。这些商品主要包括美妆个护、零食饮料、百元服装等。而反观像名牌手表、珠宝翡翠、高端电子产品、高档酒水等商品则由于价格原因，相对来讲成交量则不会太高。

在供应链选品的这个环节，目前其实陷入了“二八原则”的分水岭。我们知道，在直播行业里，头部主播自身具有非常强势的议价权，在他们选品的时候，往往有几十甚至数百家供应商主动上报自家商品。而主播身后的MCN机构则通过产品质量、产品价格、产品使用频率、品牌口碑、是否符合主播调性等多个指标最后选出商品。这种选品的过程好似一个漏斗，最终能够留下来进入下一环节的往往都是相对物美价廉的上乘商品。

严格的选品方式极大地保证了主播的个人IP不受影响，尤其是对大主播而言，他们不会为了一两次的巨额广告费而去接一些可能存在风险的商品，以避免损害自己辛辛苦苦创下的名声。大主播们分得清其中的利害，与商家合作只不过是一两次，“粉丝”们才是直播间里的常驻用户。因此，在选品时，这些行业内的头部大主播都非常谨慎。

反观一些中小主播则在选品时得过且过，这种不为“粉丝”提效的行为其实是“搬起石头砸自己的脚”，消耗“粉丝”的耐心。这违背了电商直播的规则和逻辑，自然不会有好的效果。

严格的选品是重塑“货”这一要素的必然过程，是帮助用户消除烦琐的前期筛选购买的过程，亦是“网红”直播带货的价值所在。只有培育了“粉丝”的信任，销量才会节节攀升，商家才会蜂拥而入，而成为顶级带货主播亦会有更大的供应链议价权，从而给“粉丝”带来更多优惠，“粉丝”进而更加有黏性，如此形成稳固的商业形态。

排期上坑位

“坑位排期”是对应直播带货所出现的新名词，其意思很好理解，就是主播在直播时介绍、销售商品的顺序。但这并不简单，大到有核心竞争力的产品逐步加

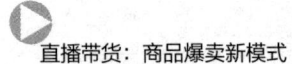

码，小到各个产品的细节描述都颇有讲究。

一般来说，排位都是起步爆品吸引流量；中部小高潮推动销量；尾部几个产品来个完美收官，其中排位相当科学与富有人性的揣摩。以罗永浩 2020 年 4 月 1 日首次在抖音直播带货为例，我们可以通过罗永浩直播间的商品排位和销售情况来了解一下选品以及“坑位”排期的重要性。

表1-1　罗永浩抖音直播带货清单

商品序号	品名	单价（元）	销量	交易额（元）
1	小米中性笔	9.90	75,478	747,232
2	奈雪代金券	88.00	90,000	7,920,000
3	碧蓝洗衣珠	56.00	75,000	4,200,000
4	米家充气宝	189.00	4,000	756,000
5	石头扫地机	2,899.00	6,049	17,536,051
6	钟薛高雪糕套餐	99.00	22,981	2,275,119
7	洽洽坚果套餐	107.00	62,331	6,669,417
8	小米10	3,999.00	2,060	8,237,940
9	小米10Pro	4,999.00	1,681	8,403,319
10	欧莱雅男士套装	79.00	65,000	5,135,000
11	安慕希咖啡酸奶	52.80	67,431	3,560,357
12	信良记麻辣小龙虾	119.00	171,806	20,444,914
13	极米H3投影仪	4,799.00	3,489	16,743,711
14	易来智能台灯	199.00	5,291	1,052,909
15	搜狗AI录音翻译机	2,488.00	989	2,460,532
16	多功能人体工程学转椅	999.00	4,999	4,994,001
17	米家声波电动牙刷	39.90	109,790	4,380,621

续前表

商品序号	品名	单价（元）	销量	交易额（元）
18	金龙鱼调和油	85.90	10,000	859,000
19	联想USB—C充电器	79.00	38,180	3,016,220
20	飞利浦智能锁	1,680.00	6,317	10,612,560
21	每日黑巧	68.00	70,000	4,760,000
22	米家自动洗手瓶套装	79.00	44,343	3,503,097
23	吉列热感剃须刀	1,,199.00	2,190	2,625,810

这些商品单价位于 9.99 元至 4999 元之间，均价达到 1061 元。整场直播带货的均价要比一般网红明星的带货均价高出不少，这主要是由于科技类商品的单价高从而提高了整体平均值。

其中单价最高的商品为小米 10Pro，上架 1 小时 59 分钟，卖出了 1681 部。对于客单价高的商品，消费者在下单时比较谨慎，罗永浩的这个成绩已经算是不俗了。

而单价最低的商品为价值 9.99 元的“小米巨能写中性笔 10 支装”，上架不到一分钟即售罄，销量 75478 个。

根据罗永浩直播清单排位，不难发现，他在商品排位时正是遵循了开场爆品预热的原则，依靠“小米中性笔”“奈雪代金券”以及“碧蓝洗衣珠”这三款单价较低的商品活跃直播间气氛，引起直播间观众的消费欲望。随后出现的商品价格逐步加码，在中期推荐一波价格较高的科技商品后，再出现的商品价格开始回落，并且是贴近人们生活的电动牙刷、调和油等商品，最后以巧克力和洗手液等商品作为收官，为此次直播画上了一个圆满的句号。

同时，罗永浩的选品也很有特点，通过清单，我们可以看到，罗永浩的带货商品主要包括三类商品：食品饮料（7 款）、生活居家用品（9 款）、科技商品（7 款），分布比较平均。

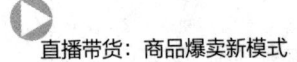

其中科技类商品,尤其手机乃是罗永浩的专业领域。许多涌入罗永浩直播间的观众“粉丝”都知道他是锤子科技的创始人,尽管现在锤子科技被收购,罗永浩也已经变成了“前锤子科技 CEO”，但面对专业领域这一块，观众还是“买账”了。

而直播电商最大的优势就是价格，大部分用户选择看直播下单，就是为了省钱。罗永浩自然也清楚这一点。如果只带货价高的科技类商品，销售成绩可能远远达不到 1 亿多人民币。所以，他又在直播带货中，选择了价格亲民的食品类商品。在食品类商品中，7 款商品均价约 92 元，并且给消费者的优惠非常大。

比如位居销量第一的某麻辣小龙虾，3 盒装 600 克 ×3，各大电商平台的价格普遍在 230 元左右，而在罗永浩的直播间只要 119 元就能拿下！在全网，无论在哪个平台做直播带货，价格优惠都是吸引用户下单的重要手段。通常来说，单价在 50~100 元的商品，用户购买时，犹豫时间较短，主播更容易带货。

因此，大家在进行选品时，可以通过“价格区间”来选品。同比商品的价格，选择性价比更高的商品。

另外，在生活居家用品中，牙刷、移动电源、洗衣凝珠、刮胡刀等都是大家生活的常用品，有着非常广泛的适用人群，需求量很大。消费需求是影响商品出单率的另一大重要因素。罗永浩首播带货的这些生活居家商品，基本都是每一个家庭能用到的。

牙刷不用说，每天大家都会使用；移动电源无论是短途旅行还是长途旅行，都是背包中必备的物品。如果家里停电，还能救急。

想要做直播带货，主播在选品时要清楚一点：用户需求大，市场自然就越大。不要过分追求新奇商品，一定要从用户的需求出发。

正式直播售卖期

正式直播售卖的“套路”也有很多，主要可以归纳为三点（如图 1-4）。

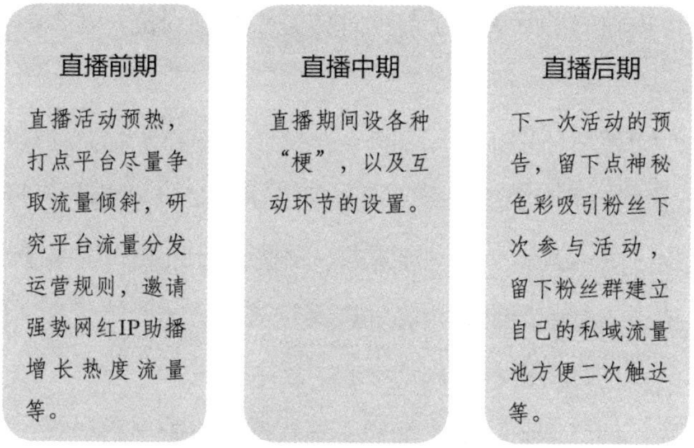
直播前期
直播活动预热，打点平台尽量争取流量倾斜，研究平台流量分发运营规则，邀请强势网红IP助播增长热度流量等。
直播中期
直播期间设各种“梗”，以及互动环节的设置。
直播后期
下一次活动的预告，留下点神秘色彩吸引粉丝下次参与活动，留下粉丝群建立自己的私域流量池方便二次触达等。

图 1-4　主播直播售卖的三个要点

销售统计以及售后

除了销售商品，主播下播后还需盘点实际的销售量是多少、七天内无理由退货的有多少、投诉的有多少、实际利润有多少。直播行业里将这种工作称作“有效复盘”。对于复盘，主播们需要注意的一点是，因为直播带货的产品属性、产品质量的好坏直接反应在退货率上，所以如果由你销售的商品，退货率在 20% 上下，甚至超过 30%，不仅合作商会找你的麻烦，同时你的名声也可能保不住，用不了多久“粉丝”就会知道该主播销售的商品存在质量问题，这会令许多观众“粉转黑”，令主播人气锐减。如何严格把控退货率，请让我们回到直播带货流程的第一环节——供应链选品。

由此我们可以清晰地看到，在直播带货的四个环节当中，供应链的“选品”+“销售和售后”这两个环节都是强依赖产品型，产品的好坏决定了这两个环节是否能做到足够优秀。说到底，无论网红还是明星直播带货，用户虽然是奔着高热度主播来的，但能否令他们痛快下单，核心购买力靠的还是高质量低价格的优质商品，商品的好坏决定了主播的热度是否能长久维持。

而另外两个环节之中，排期上坑位 + 正式直播售卖期是强运营环节，专业化的团队和对平台规则的了解决定了前期宣传是否足够到位，是否能吸引更多用户进行观看购买。

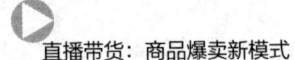

这个商业的闭环环环相扣，只有每一个链条都精益求精，才能叫作重构“人货场”，使商业模式真正的提升效率，形成四方共赢，不成为流于形式的伪命题。

直播带货是一个话题也是个潮流现象，那些顶级的 IP 塑造案例，无疑都是精良团队运作的结果，是细节足够用心、选品足够费心的价值呈现；但究其核心价值还是产品本身，是对消费者认真负责的态度本身。

成长无穷尽，细节定此时。优秀的人不管做什么都会很优秀，因为他们拥有负责的态度和持续学习的能力，反复纠错总结是他们磨炼自己的试金石，风口带来的丰厚利润则是他们应有的奖励与回报。

从“粉丝经济”到“宠粉经济”，主播应该深度思考的底层逻辑

20 世纪 80 年代，我国出现了广义的“粉丝”，比如邓丽君歌迷、张国荣影迷。但那时还没有太多商业色彩，更不能称之为“粉丝经济”。事实上“粉丝经济”的发展速度与大众文化的商品化速度是一致的。“粉丝文化”和“粉丝经济”发展于 20 世纪 90 年代后期，当时的“追星族”有较强的自发性，但是缺乏计划性和组织性；而如今的“粉丝”则呈现出职业化趋向。其有计划、有组织、专业化程度较高，甚至逐渐形成“粉丝”产业。

相信经历过 2005 年超女时代的读者，会依稀记得该节目在当时有多么火热，电视、电台、报纸、门户网站中每天都有大量的播出时段和版面资源被该节目中选手的动态所牢牢占据。

根据 2005 年索福瑞媒介研究（CSM）12 城数据，《超级女声》以 11.74% 的收

视率一骑绝尘，不仅让地方卫视首次在同时段内收视表现优异，更是创造了综艺节目的收视传奇，至今也未能被超越。在那个“想唱就唱的超女时代”，甚至有坊间笑称，错过了超女，你就错过了整个 2005 年。

在 2005 年《超级女声》红极一时的大背景下，“粉丝”一词正式诞生，作为英文“Fans”的谐音，口口相传，沿用至今。

什么是“粉丝经济”

“粉丝经济”首次大范围地进入公众视野则源于《超级女声》节目里创新引入的公开短信投票制，让观众们头一次意识到自己的力量竟能左右选手们的命运。当选手们在台上用煽情的口吻表达自己想要继续留在舞台上的心声时，“粉丝”们便自发组织起来印海报、拉横幅，迅速抢占“北上广”等一二线城市中最核心的地段，不遗余力地为自己的偶像拉票、造势，即便自掏腰包也要拦住经过他们身边的每一个路人、发动自己身边所有的亲朋好友向运营商发送两元一条的增值短信。

再到后来，动辄就要花费数千元的见面会、签售会、演唱会，“粉丝”们也是欣然买单。于是就有了“艺人们疯狂吸金，“粉丝”们舍得花钱”这种“两相情愿”的商业模式，为“粉丝经济”在市场大行其道创造了天然的土壤。

《超级女声》节目带来的“粉丝经济”为何如此狂热？至今也无人可以彻底解释清楚。同样，陷入疯狂的还有最近几年踩在风口之上的“直播带货”，直播带货有多疯狂？ 2018 年“双 11”，某主播仅用两小时，销售额便达到 2.67 亿元，全天直播带货销售额更是超过 3 亿元。

3 亿元是什么概念？我国公司想要上市必须达到一个财务上的要求，即发行前 3 年，累计净经营性现金流超过 5000 万或累计营业收入超过 3 亿元。也就是说，仅某主播在 2018 年“双 11”一整天的收入，就超过了中国公司上市的财务要求。

直播带货展现出的强大吸金能力让无数明星、“网红”格外眼红，在金山银山面前，说不心动是假的。于是一些经纪人在明星艺人的授意下开始联系供应商，试图通过直播带货分上一杯羹，然而事实却不如人愿，当那些坐拥百万“粉丝”的流量明星坐在直播设备前，透过屏幕和“粉丝”打招呼时，绝大多数“粉丝”却并不买账，以至于这些明星在直播带货上频繁“翻车”，一场直播下来，销售额不及头部主播的百分之一，甚至千分之一，使得这些明星拿不到多少收益分红，最多只能通过坑位费去薅商家的羊毛。在这种直观对比下，不禁令人开始思考，此前红极一时的“粉丝经济”现如今到底怎么了？

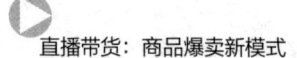

事实上，“粉丝经济”本身并没有出现什么问题，不过是支撑这一经济模式核心的“粉丝”们有了新的选择而已。

在互联网上，很多行业分析师把那些头部主播的成功归功于“紧跟风口”“大势所趋”，归功于“平台红利”“背后推手”，归功于“OMG”“倒计时”这种洗脑式的营销口播，不可否认，这些都有道理。

当然，也有不少人坚信他们的成功不可持续，几乎每天都能从自媒体的稿件里听到大量唱衰者的声音。但说一千道一万，立场毕竟是主观的，而数据才是客观的。

据笔者统计 2020 年 5 月 24 日到 6 月 18 日两位头部主播直播间的销售情况，在不到一个月的时间，二人直播间的 GMV 分别为 22.1 亿和 24.8 亿，销售数据与 2019 年同期相比几乎翻了近 7 倍。

可如果真的穿透表象去看他们商业模式的本质，就会发现他们的操盘打法与“粉丝经济”根本就不是同一种底层逻辑，这就引出了一条很关键的概念——“宠粉经济”。

“宠粉经济”与“粉丝经济”的区别

我们之前提到过，“粉丝经济”本质上是“粉丝”为影响力中心去买单，而在这个经济链条中，品牌、厂商是核心资产，明星、KOL（关键意见领袖）通过消费他们自身的流量和影响力来带动销售，本质上还是一种流量变现、信任背书的方式，与传统的广告代言别无两样。

但新兴的直播带货则是“宠粉经济”，通俗来讲就是让“粉丝”群体的利益、需求得到充分满足，从而与“粉丝”之间建立一个长久、稳固的信任关系。宠粉经济的经济链条是一个倒叙的排列，消费者购买行为的出发点并不是源于主播的流量和影响力，况且初期大家都是从0到1做起，谁也不具备“粉丝经济”那种天生“带资入场”的实力。

既然是发迹于“草莽”，那么“宠粉经济”背后究竟有哪些核心竞争力？事实上，在“宠粉经济”的链条里，“粉丝”才是核心的资产，而不是传统的品牌和厂商，一切的商业行为都需要给“粉丝”的利益、服务、体验让道。

举例来说，在多数头部主播的直播间里，主播永远会在单品上为“粉丝”争取全网探底的价格，这是他们第一个“宠粉秘诀”，即捍卫“粉丝”们的核心利益。所以很多刚接触直播带货的观众会经常在他们的直播里听到类似于“今天直播间的价格五折，买一送一”这种让人惊掉下巴的话语。正是通过这种长期的价值输出，让主播在自己的“粉丝”群体中获取到了更深层的口碑和信任。

而他们的第二个“宠粉秘诀”，即为“粉丝”们提供更有价值的服务。举一个最直观的例子，最近两三年翡翠行业结合电商“火到不行”，放在过去简直不敢想象。在以前，很少有人会通过线上购买翡翠，为什么？因为翡翠市场鱼龙混杂，消费者十有八九会上当受骗。可事实又是什么呢？消费者在线下购买玉石时，依旧对行业知识一无所知，也会经常踩到深坑，而直播带货流行以来，一些精通翡翠知识的业内人士或是经营翡翠的店主注册成为主播，用自己的专业给买家讲解翡翠知识，免费鉴别翡翠真伪以及价格，结果使自己的店铺生意大火。

我们用同样的角度再去审视那些头部主播，则会发现这些主播对待每一个选品从卖点到规格再到市场行价早已烂熟于心，他们依靠专业知识构筑起一道信任的壁垒，这便是他们为“粉丝”所提供的隐性价值服务。

除此之外，他们在用户体验上也把“宠粉”展现得淋漓尽致。在很多大主播的直播间里，无论销售什么商品，永远都能做到7天之内无条件退货。即便在这个承诺背后有一定的经营风险，有一定的坏账概率，可如果他们不从“粉丝”的角度去争取利益，那么这个信任的价值就会显著降低，消费者的购买行为就又会回归到“粉丝经济”的模式，这种基于影响力而产生的被动消费是很难持久的。反之，如果拿出一部分利益去补贴用户的体验，既强化了主播个人对于选品的信任背书，又增强了“粉丝”对其的信任关系，从长远角度来看，对“粉丝”的复购率也是一种极大的促进。这也是为什么很多小主播会感叹直播电商领域“红海茫茫”，因为大主播垄断了太多的平台和商家资源，而且铁粉众多，小主播缺乏议价能力，很多表面上的流量根本不具备信任关系，只能在细分品类和差异化服务上寻找商机，逐步向“一千个铁杆粉丝”的目标迈进。

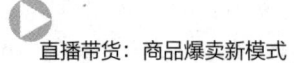

正如“流量对电商很重要，但电商本质上却不仅是流量的生意”一样，“粉丝经济”与“宠粉经济”的底层逻辑也大不相同，只有当我们真正理清了两者之间思维模式的差异，才能建立属于自己的品牌和标签。特别是对于目前刚涉足直播带货的主播来说，这种思维模式上的转换以及行为的转变会成为弯道超车的绝佳途径。

直播带货背后的五大认知误区

毫无疑问，直播带货已经形成了一个风口，但是在风口四周，却充斥着各种认知“误区”。

误区一：头部主播不可复制，所以没机会了

有些人认为，直播带货已经形成了马太效应，消费者腰包里的钱已经被这个行业里的头部赚光了，后来者并没有什么机会。

对于创业者来说，一个最大的悲剧是：各种投资分析报告看得太多，使自己患上了“过度分析综合征”，无论看待什么事情，下意识地不看优点，只看缺点，导致自己面对行业的风口时逡巡不前、不敢入局。

事实上，尽管行业头部大主播们获得了惊人的销量，但那些名不见经传的机构和主播们也在拼命销售，少则一个月几万，多则一个月数十万、上百万，很显然直播带货行业还远远未到“山河大事业已确定”的地步，整个大盘还在增长，

蛋糕不断做大。

毕竟，我们才刚刚处在新消费时代的开端。

一个简单的问题是，当淘宝、快手已经有了自己的头部主播，那么作为短视频平台，抖音的带货“头部大主播”会是谁？

与此同时，小红书、美图、B站、新浪甚至探探、陌陌都已经杀向直播带货，每个平台入局的时候为了培养生态，都会释放一波红利，对于未来的主播们来说这都是真金白银。更何况，还有在后面虎视眈眈、引而不发、进一步进入此行业的长短视频、直播业务。

因此，这种“机会都被头部主播抢走”的想法并不可取。因为我们压根不需要成为头部主播，在现在的直播平台上仍有大量的红利，一个努力且善于利用运营规则和平台算法的主播其实是有很大的概率月销千件商品，甚至是万件的。

实际上，尽管不是每个人都能成为头部主播，也并非每个主播都有单场直播狂销一个亿的能力，在缺少资源、没有团队、各方面都没有明显优势的前提下，我们绝不能好高骛远，而是需要过好当下，只要每个月能够卖出一千件商品，其实就已经走在绝大多数带货主播的前面了。

在竞争激烈、波诡云谲的直播带货行业里，此时讨论头部马太效应为时尚早，因为已经形成头部效应的大主播并不是很多，而伴随着更多平台和红利的释放，直播带货的趋势一定是更加垂直细分化，就像某主播从最擅长的口红切入、逐渐扩散到适合女生的所有品类一样，每个垂直领域都可能出现深耕细作的新星，先把最擅长的打透，至于能不能扩张到全品类就看主播的运营能力和一点点运气了。但即便没有扩张又如何呢？作为带货主播，如果我们能够深耕一个领域，就已经可以活得非常滋润了。

误区二：主播必须很好看，或者很有名

是否所有已经成名的“大V”，或是在秀场直播已经风生水起的网红们在直播带货中更有优势？这并没有一个准确的答案，但就目前的大环境来看，直播带货卖得最好的反而不是这类人群，因为这些人营造出的人设和距离感，使他们在

“叫卖”中束手束脚。

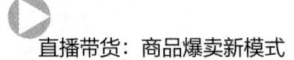

对于早期主播孵化的机构来说，一个共识是不要迷信 KOL。事实上，一个有销售经验的推销员反倒是一个更好的选择。至于是否具备高颜值，在美颜软件和滤镜的强大辅助下，一个相貌平凡的人在屏幕前也能变得光彩照人。

在直播带货的行业里，主播无须由于相貌而感到自卑，真正需要的是尊重算法规则、做好运营套路、不断试错迭代。这是一个多数人看重持续发展的时代，从主播大红大紫到卖假货被消费者唾弃，再被平台封杀，这种“过把瘾就死”的状态并不可取。唯有扎实寸进、持久坚持、“结硬寨打呆仗”，才是每一个普通主播的福音。

误区三：我要有自己的货

很多主播对于货源问题感到头疼，他们当中有些人觉得没有自己的品牌无法带货，而另一些人则认为自己搞不定货源，更别说拿下整个供应链。

之所以会产生这样的思维误区，大概率是因为这些主播在早期听了很多网红电商熬制的鸡汤。这些“网红”电商往往会说，做直播带货要打造自己的品牌，而且个人魅力只是冰山一角，核心是水面之下的团队能力，是对供应链的整合和把控……相信很多人听到这些立刻就被吓住了。

但其实这些依然是头部主播们该做的事情，而对于大多数中腰部主播，创造品牌这件事情压根和自己无关，也千万别被那些人给吓唬住了。

举一个最简单的例子，这就好像是洗车行业，头部企业到处玩资本运作、加盟并购，这些大手笔是普通人根本玩不来的，但普通人开洗车行就不赚钱了吗？这根本是两回事，因此在直播初期不用在意创建品牌的事情。

对于绝大多数排在行业中下游的主播来说，最简单的就是直接去后台商城、看精选联盟，选择卖什么，最常见的选择是淘客路线、挂淘宝链接。库存、发货、包邮、售后等一系列工作，都是商家自己完成的事情，主播只需要按有效成交结算佣金就行了。

从目前的销售大数据来看，最适合直播带货的是美妆、服装、食品、日用百货等品类，特点是口红效应、低客单价、高复购率，最好针对的消费群体是女性。至于未来能否扩张到其他品类，甚至卖房卖车，又或者将消费人群引向下一代年轻人，还得看是否有一颗奋斗的心，将直播带货的事业持续做下去。

作为小主播，尽量不要去碰已经被消费者所认可的主流大牌，因为除了行业里的头部主播，其他人很难有与大品牌公司讨价还价、争取市场最低价的空间。

“白牌厂商”反而是大多数主播的致富商机，对于“白牌厂商”出厂的商品，我们不应戴有色眼镜、将其简单等同为假冒伪劣粗制滥造。事实上，在过去十年的全球化浪潮中，中国的制造工厂为多数的西方大牌们代过工，因而具备了强大的品控能力、极低的成本。我们的任务则是擦亮双眼，在众多“白牌厂商”中寻找那些商品质量好、口碑好的商家，并寻求与对方的合作。

误区四：都是直播带货，随便选择一个平台就行

新手主播最常出现的问题之一就是对平台选择没有任何规划，到最后只单纯地看哪个平台的数据好、直播带货销量好就去哪个平台进行开播，从而忽视了不同平台具有不同的特点。

在目前几个主流的直播带货平台中，快手用户的特点是下沉市场、重视社交关系，作为主播，你要卖人们喜闻乐见的东西，同时用情感和信任说话。

在抖音的使用人群画像上，用户以城市人群居多，女性为主，消费能力相对较强，有很高的潜力可挖。因此抖音直播带货对于内容的精细度和质量要求都相对高一些，玩法核心是会利用算法推荐。

B 站是年轻人的聚集地，2020 年 B 站正通过“跨年晚会”“后浪演讲”等一系列活动大力破圈。B 站有自己独有的社区氛围和话语结构（梗文化），关键词正从二次元转向“硬核”，直播带货在这里涨粉的难度远高于其他平台，但“粉丝”的真实度和信任度也更高。

小红书是一个重点围绕女性消费升级的优质图文社区，直播门槛相对较高，只能卖小红书商城的东西，相较其他平台来说比较封闭。

而被誉为“社交之王”的微信目前也正在试点视频号，当下流量红利并没有真正释放，但有业内人士指出微信此次的重视程度超过了当年对公众号的重视。

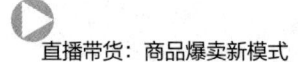

至于腾讯旗下的另外一款 APP 微信视频，其产品的特点则是分发模式：一开始并不完全是推给陌生人，而是先推给朋友和二度人脉（朋友的朋友），而直播、带货这些基础设施都已经通过小程序建设完毕，流量池已经通过公众号、群、私人号打造完成。

而我们在前面也提到过，每个平台在入局的时候为了培养生态，都会释放一波红利，对于未来的主播们来说这都是真金白银。因此，选择什么平台，最好还是根据自身条件和平台发展情况以及前景作为考量，而不是“闭着眼睛”随便选一个平台开播。

误区五：企业要培养自己的“网红”

如果说过去，每个企业都要有自己的网站，后来都要有自己的微博号和微信公众号，那么现在是不是每个企业都要有自己的主播和视频矩阵呢？

事实上，包括抖音在内的一些大平台正在大力扶持针对企业的蓝 V 号，红利时间大约为一到三个月。

见此情形，很多企业主坐不住了，纷纷表示想要招聘一批俊男靓女，将他们培养成网红主播。企业主想要打造“蓝 V”的想法没错，但在具体实施过程中，思路却出现了一些问题。因为截至 2020 年上半年，企业自己培养主播鲜有成功案例，更多企业的做法则是招聘几个主播试试水，结果播了几个月的时间发现效果不佳，于是这事儿没过多久就不了了之。

反而一些公司，老板亲自上阵（比如携程梁建章），效果出奇地好。说明直播带货要想搞好，首先需要深度的利益绑定和关联，主播需要把企业的事情当作自己的事情。而随便找几个人试水，显然效果不会太好。

另一方面，专业的事一定要交给专业的人来做，大多数企业显然不具备直播运营的能力和基因，甚至连算法推荐的数据也看不懂，此时硬上直播显然没有太多意义。因此，找专业的主播和机构代运营，或者深度绑定、战略合作，显然是传统企业开启电商之路的更好选择。

直播带货的风口，还能火多久

直播圈流行着一句话“万物皆可播，人人能带货。”前有“网红”主播顺利“出圈”，后有实业企业家的追逐，直播带货俨然成了 2020 年最热闹的大风口。同时，各地纷纷开发“带货经济”产业园，出台人才激励政策。行业在短时间内的迅猛扩张直接反映在人才市场上。

Boss 直聘发布的《2020 上半年直播带货人才报告》数据显示：2020 年上半年，“直播带货”业态主要岗位的人才需求量达到了 2019 年同期的 3.6 倍，涌入行业的求职者规模也达到上一年度同期的 2.4 倍。而在“6・18”之前的两个星期之内，带货主播和直播运营两大岗位的需求量高达上一年度同期的 11.6 倍，其中，直播运营岗位人才更为紧缺。

在直播带货产业链中，主播、运营和选品对于一场直播的完整呈现十分重要，也是目前行业中人才需求量最大的三个关键岗位。尽管 2020 年上半年，带货主播的平均月薪同比下降了近 2000 元，但 11220 元的平均月薪在全行业的所有岗位中仍然处于高位水平。

2020 年 5 月份，在人力资源和社会保障部发布的公告中，“互联网营销师”位列 10 个新增新职业名单中，带货主播也迎来了“官方认证”，这对于直播带货来说无疑是一个好的现象。

当种种条件汇聚到一起，我们可以非常肯定地下结论：直播带货至少会在未来的几年里持续发展，一来是“巨头”在直播电商的大力加码，二来是政府政策加码助推行业发展。

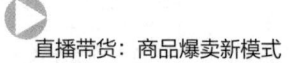

“巨头”在直播电商的大力加码

2020 年 3 月 30 日淘宝宣布：淘宝直播未来一年将发出 500 亿的超大“红包”，将为生态伙伴投入百亿级资源，创造百亿级收入，将帮助 10 万名淘宝主播月入过万，将有 100 家 MCN 机构营收过亿，将有超 20 万家线下门店、100 个线下市场“搬到”直播间来。

与此同时，抖音也在加大力度自建小店、平台自身开始签约带货类 KOL、在供应链端与直播基地签约，引入罗永浩加盟直播带货，“6·18”当天宣布成立抖音一级电商部门；而快手则签约了“小天王”周杰伦，与京东达成合作，宣布“快手直播电商总部项目”落户成都。

政府政策加码助推行业发展

2020 年，直播电商作为新型有效的销售推广模式，成为政府积极鼓励发展的方向。商务部、浙江省、广州市等地陆续出台政策，扶持产业链，鼓励发展直播电商形式。

值得注意的是，根据《中国互联网络发展状况统计报告》，截至 2020 年 3 月，中国网络直播用户规模已经突破 5.6 亿。与此同时，各大直播平台之间的竞争加剧，市场对直播的监控也会越来越严格。

此前，《人民日报》新媒体、《人民日报》智慧媒体研究院正式发起成立首个“直播电商研究基地”，携手淘宝、京东、拼多多、快手等平台，以及头部主播及其机构，共同助推直播行业健康规范化发展。中国广告协会制定的《网络直播营销活动行为规范》也在 2020 年 7 月 1 日开始实施。

因此，我们可以得出结论，至少在未来三年之内，直播带货相关产业仍旧会十分红火，它也会是目前性价比最高的营销方式。只是随着市场的监控力度加大，直播电商将会走向规范化。

第 2 章

直播走红从明确定位开始：四大定位法则助你“C 位出道”

互联网经济的飞速发展，带火了直播带货的概念及模式，那么直播带货究竟如何做才能盈利呢？首先是做好定位，作为一个新秀主播，如何确立自己的定位十分重要，也就是自己开播卖什么；有什么可以推荐给观众的商品；能否一直遵循自己的直播内容定位做得长久；自己的风格又是什么……简单来说，直播带货定位可以分为四个部分：领域定位、人设定位、内容定位以及风格定位。

领域定位：卖什么很重要

直击整个直播带货流程，选品已然成为最核心环节，是否精准尤为重要。什么东西好卖，什么东西碰不得，在众多主播直播带货的实践中，销售大数据已经给出了一份翔实的报告。

什么类型的产品直播带货最好卖

1. 低价、高频、刚需类产品

无论线上直播带货还是线下实体门店销售，价格都是影响用户购买率的最大因素。当前，直播带货的主要消费群体以年轻人为主，他们往往更倾向于一个比较平衡的价位，不高不低比较容易成为他们的首选。

从多个销售平台公布的销售数据来看，不超过 100 元的商品最好卖，其中以美妆个护、食品饮料和服饰鞋包类产品销售占比较高，并且这类商品复购率很高。

2. 商品详解更全面的产品

对于那些习惯线上购物的消费者来说，想要购买一款商品必须先对商品进行了解，例如商品是哪里生产的？用的什么材料？作用是什么？好不好用？除了这些常见的问题以外，还会有售后服务等消费者关注的问题。主播在选品的同时也要考虑到这些问题，如果主播面对观众的弹幕提问能够从容应答，那么观众也就自然地放心在他的直播间消费。

3. 展示性较强的产品

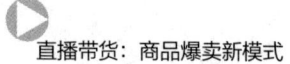

展示性较强的产品是指利于直播间现场“表演”型产品，方便主播亲身演示讲解，比如服装、口红、饰品等，这些展示无疑会提高客户的信任度，缩短消费者的决策时间。

什么类型的产品最好不要碰

1. 玉石珠宝等难以定价的产品

与绝大多数商品不同，玉石珠宝类的产品并没有严格统一的价格标准，根据品质、产地等原因价格都有差异。当消费者收到玉石珠宝后，他们会通过直播回放的展示视频做比较，如果有任何不满意的地方，在没有实际标准参考的情况下，就会感觉被坑了。同时，在运货的过程中，玉石类产品极易出现磕碰的情况，产生瑕疵，消费者收到货物后心情肯定会受到一些影响，退货之余，也有可能来直播间“泄愤”。另外，玉石珠宝类的销售人员需要掌握相关的鉴别知识，若是主播对玉石一窍不通，则更不建议在选品时选择此类商品。

2. 生鲜类食品、鲜花等难以保存的产品

生鲜类产品并不算是一种高利润的产品，在运输过程中又会涉及保鲜成本问题，甚至配送时间都被要求以小时为单位，还要考虑到配送中出现的损耗，以及一些品类因重量原因导致的运费高价，如果将这些成本纳入产品的整体价格中就会让产品价格缺乏竞争优势，除非自产自销，不然最好还是别碰。

3. 价格昂贵的产品

某主播作为时下业绩顶尖的直播网红，在2020年初大胆接下凯迪拉克业务，但情况却出现了变化。在那场直播中，该主播除了宣传即将上市的CT4外，还鼓动“粉丝”们每个月花费1999元租车,选择类似“弹个车”一成首付的购车模式。结果出人意料，在直播结束时，凯迪拉克产品的销售量为零。

由此可见，即便是“网红”也无法打破电商销售的选品禁忌——不要选太贵的商品。形成这条禁忌的原因主要有两个，首先是产品属性，动辄数万至几十万不等的大额消费品很难像化妆品、衣服和电子产品那样让观看直播的消费者产生冲动消费，在这份推广之前，即便是凯迪拉克这样的大公司以公司之力在推动汽车电商时都很难见效，更何况个人主播。

其次是用户群体，当前直播的主力消费群体以 90 后及 00 后的年轻人为主，由于经济能力有限，原本就不是购车主力人群，再加上快消直播（例如口红、食品）和卖车直播，为买家营造的也是两种不同的购买场景。前一种是争分夺秒的抢抢抢（主播：直播间里的朋友，大家好，我这里只有 5 万份零食大礼包，只要 50 元一份，要的赶紧抢……好，现在还剩下 1 万份……哇，卖光了，下架……），由于抢不到会难受很久，所以淘宝打出“痛快秒杀”“嗨不停”的口号；相比这类直播，直播卖车终归是一个令消费者反复纠结的过程，无法做到“痛快秒杀”“嗨不停”，本身违背了多数平台关于电商直播“抢抢抢”的定义。用一个比喻来形容快消与大额消费品直播就是：一阵大风吹过，带走了一些沙石，但带不走大地。

直播带货的选品思路

1. 亲身使用感好的产品

无论是大主播还是小主播都应该对自己的商品负责，对用户负责，这样消费者才更能信任卖家。

2. 当季流行产品

直播带货最好选择应季的产品，比如夏天推荐蚊帐、蚊香、凉席、啤酒等产品，冬天推荐一些诸如保温杯、保暖内衣、羽绒服等产品。当然，也可以蹭热度进行带货，比如中秋节前夕卖月饼、七夕节前夕卖手表饰品。这样在直播的时候也可以顺便提起有热度的话题，让直播间内容更丰富。

3. 高性价比的产品

无论何时，消费者都喜欢高性价比的产品，如果商品的价格和质量都十分符合用户的要求，就非常容易激发出用户的购买欲，所以主播在挑选产品的时候一定要做好商品的背景调查，要是商品的口碑和评价都不错，商家又能拿到比较优惠的价格，观众肯定会来捧场。

“人设”定位：你是谁很关键

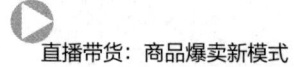

最近几年，我们时常能够在网上看到“某某明星‘人设’崩塌”的消息，导致很多网友纷纷表示“脱粉”。那么什么是“人设”呢？“人设”崩塌又代表着什么？

简单来说，“人设”就是明星、“网红”为自己贴的一个标签，作为他们的“粉丝”，只要看到这个标签时，就会联想到那个人。

而“人设”崩塌，则更好理解，就是那些明星、“网红”为自己精心设计的包装被拆穿，致使“粉丝”认为自己受到了欺骗。“人设”崩塌的例子有很多，例如2019年春节刚过，就有一位博士学历的演员因学术造假而深陷“学术门”，他不但被母校撤销博士学位，而且连多年来的“学霸人设”也在顷刻间崩塌。

作为一名主播，应该如何营造以及保持自己的“人设”呢？“人设”打造有其相应的流程，可以归纳“人设”、起因、经过、结果（如图 2-1）。

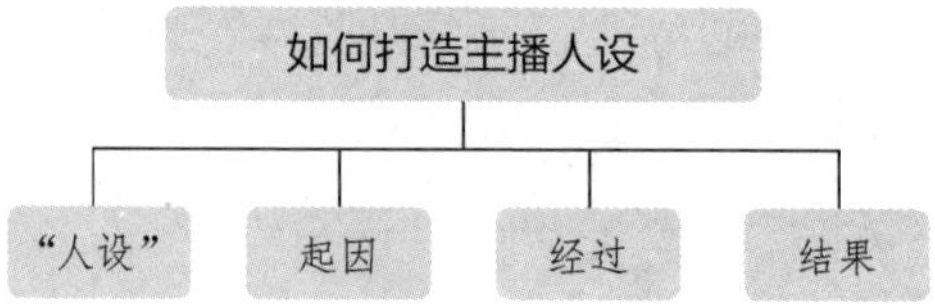

图2-1　主播打造人设的四要素

首先是人物的基本设定，基本设定关系到主播个人的外貌、性格以及特点三个方面，对于绝大多数主播来说，除非有整容的打算，否则外貌基本上都是固定的。在淘宝、快手以及抖音等平台，青春靓丽的小姐姐要比男生适合做包包、女装、美妆类的销售推广，而年长一些的成熟少妇则会更愿意做一些图书、母婴、瑜伽课程等产品的销售。想成为主播的读者朋友，可以结合自己的日常生活状态来给自己做定位，看看自己适合带什么样的商品。

不过这种以个人条件为主的定位方式也不是绝对的，那些具备口才的主播会比普通主播涉及更多的产品，也许这些主播一开始也是从一个品类的产品开始做起，但他们就是能够做到不断延伸，在带货这条路上越走越远，受定位影响很小。

做主播，除非你从一开始就给自己安上了“高冷寡言”的标签，不然性格上至少要放得开，温文尔雅也好，风趣幽默也罢，总之要能让观众感受到你的开朗健谈。带货主播的本质并不是狭义中观众们所理解的“主播”，实则是一名“销售员”。在直播过程中，观众可以不发弹幕互动，但主播却不能长时间沉默，一个冷场时间多于交流时间的直播间注定是不会有太多人关注的。

最后是特点，特点是由性格，或者说内在能力衍生出来的，比如有些主播喜欢说段子，而且说得眉飞色舞，表情和肢体动作都比较丰富，而有些则擅长论述，跟观看直播的观众摆事实，讲道理等等，那么这些都是“人设”中比较突出的闪光点，如果你发现自己有这方面的倾向，应该着重体现出来，直播久了，或许你也能拥有自己的流行金句。

有了人物的基本设定之后，就需要一个合理的起因。起因就是我们尽可能地将人物体现出来，无论是带什么品类的产品，人物设定不能轻易改变，可以适当延伸，但无法颠覆性改变，否则就会出现“人设崩塌”。一个好的主播是不挑剧本的，给什么剧本都能深刻地理解角色，投入进去精彩地演绎出来，同时也可以在演绎的过程中最大化保留自己的特点。

身为主播，在每一场直播之前，你必须理解下一场直播中自己将是什么角色，要干什么事情，怎么把事情干好。比如下一场的直播主要是销售奶粉，而你本来的人物设定是文静优雅，你则可以在保持文静优雅的基础上延伸演绎出一个专注宝宝健康成长的宝妈角色，通过现场解说、试用等一系列操作来推荐这个品牌的奶粉，同时在互动时对观众提出的问题，逐一地进行解答和引导，去促成交易。

上面这种情况中有没有改变主播的人物设定呢？答案是没有的，主播还是那个文静优雅的女人，她给观众的印象就是一个有修养有素质的宝妈而已，所以不在乎每场直播扮演什么角色卖什么产品，人物一旦设定是不会改变的，它一直在不断体现，不断加深观众的印象，不断形成个人 IP 的符号。

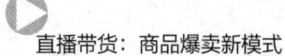

而这一系列的不断演绎就引出了“经过”，所有直播带货的大主播都是由小主播成长起来的，许多主播未成名以前也和普通人一样，为了生活四处奔波，在直播行业默默沉寂了两三年，直到直播风口到来，这些坚守自己初心的主播一飞冲天。而现在，需要体验这些经历的人变成了你，在这个过程中你需要兢兢业业地做直播，一直向观众和“粉丝”输出自己的人物设定，加深观众的记忆，等到你什么时候开始拥有标签时也就引出了“结果”，说明你也成了这个行业里的中流砥柱。

内容定位：优质的内容输出才是获客的最强利器

对于直播带货的行业，大家越来越关注它们向用户推送的“内容”，“内容 + 平台”的模式正逐步成为主播们的“标配”。

然而针对“内容”这个词的定义，却是不同领域有不同解释，在百度百科里对“内容”的解释是这样的：“它指事物所包含的实质性事物”，而在别的平台，则将“内容”按照字面意思将其解释为所涉及的事物范畴及它们之间存在的共在性、所有在内的表现形式。

那么，对于直播行业来说，“内容”又该怎样解读，“优质内容”对于直播行业的塑造又有什么作用?

什么是内容定位

作为商品与消费者链接的关键角色，主播需要掌握内容定位，并持续输出观众们喜爱的优质内容，促进产品中的内容流通闭环，最终实现拉新、活跃、留存、转化、传播的运营目的。

当前，很多主播在做带货直播时很容易产生认知偏差——专注于直播本身，却忽略了内容的意义。但事实上，做好内容输出才是做好直播带货这份工作的基石。

作为主播，你要明确自己的内容边界，要知道自己每天开播在做什么，对外输出的内容是不是观众们喜欢看的，如果不是，自己该如何调整。同时，在直播的过程中如何给自己和输出的内容打上某种风格化的标签，让用户一看到或接触到类似的事物与信息就能联想到自己的内容与产品，这就是一个成熟主播在做内容定位时所表现出的特点，也可以称之为定位和调性。

例如某淘宝主播最开始做直播的时候就是售卖衣装服饰，由于对自己售卖的产品比较熟悉，所以这名主播一直通过衣装服饰与观众的链接将自己的内容定位确定下来，然后去积累，从而慢慢开始形成一个小体系，主播供给内容，用户消费内容，于是逐渐形成良性循环，这样将业务扩展开来。在这个过程中，是先明确内容定位，然后吸引积累用户，而不是说用户积累起来后，才明确内容定位，所有以牺牲用户最开始的观感为导向与发展计划的主播都是无法长久的。

我们之前讲过，定位在一般情况下是不会变的，它只会进行发散，落实到内容定位上讲，就是那名淘宝主播以衣装服饰类产品作为内容输出，但后面也可以在此类商品（内容）的基础上去发展其他的变现通道，比如从衣装服饰类商品作为基调建立一套服饰搭配的知识理论，在知识付费逐渐被人们所接受的今天，这些理论也可以成为主播变现的产品。然后向固定的用户群进行推广，用户体验好的话，又会形成一个好的推广渠道，这样就既能实现拉新又能实现内容转化。

也就是说，一旦主播的某种风格被成功树立起来，那么主播本人就可以在用户心目中牢牢占据一个位置，并进而大大降低主播以后要去建立用户认知的成本。而一旦这种认知形成，往往都是很难改变的，而且更有利于实现价值最大化。

通过优质内容输出吸引消费者

如果直播带货行业长期依靠“附送大量赠品、打折、全网最低价”等这些直播玩法来吸引消费者，对供应商和品牌来说似乎并不是什么好事。因为当轻易的促销打折成为常态，消费者就会被培养成为“价格敏感用户”，很难再接受以原价来购买产品。如果上升到品牌建设的角度来看，这就是在长期削减品牌溢价，只在意是不是实惠、划算的消费者对品牌不再有忠诚度和仰视心态，之后品牌再想沉淀“粉丝”、提升复购率就会难上加难。

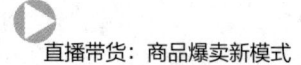

基于此，短视频两大巨头快手和抖音打破了淘宝“微博预热、直播互动、淘宝成交”的模式，而是通过“全民直播”与“直播内容无界限”的视角将内容向娱乐、购物、出行、旅游、社交等多个方向快速渗透，直播间里售卖的也已不仅仅是快消品。短视频在淘宝直播之后顺势站上了风口，快手和抖音两大短视频平台也在 2019 年时成为头部玩家。

从快手、抖音上线的一系列直播内容可以看到，既有音乐节、演唱会、脱口秀等娱乐直播，也有游览各大景区、博物馆、名胜古迹的“云旅游”直播，更有单纯是以科普、公益为目的的直播。直播的重点都在于内容，因此这些行业做直播的目的更多是为了刷新品牌的曝光量。当然，短视频平台认为直播形式的品牌广告会比传统形式的广告有更高的转化率，所以这是行业后续从线上渠道获利的必要方式。

通过淘宝直播与抖音、快手的短视频带货之后，直播应该被定义为一种兼具强互动性和即时性的内容传播渠道，基于互动的信息传播方式，与其他内容结合，通过多样化的内容形态吸引用户对直播的关注，附带传达最新的商品信息，在向内容喜好者传播内容时，与电商结合，顺势推销商品，以实现市场推广与直播带货两大功效。与电商直播不同，短视频平台追捧的直播其实只是为了增加一种流量变现的方式，带货仅仅是直播的内容之一，这也符合短视频平台“全民直播”与“直播内容无界限”的首要原则。

淘宝直播带货仅仅基于价格优势，一旦价格优势不存在，淘宝直播带货的模式也就不会再被市场认同，这是一个非常简单的商业逻辑。因此，这种以“价格战”为主流的直播带货不会长久持续，而下一个直播风口应该是目标群体定位与内容输出。运作直播的前提必须要清楚地知道谁是自身的目标客户与目标客户的潜在喜好、价值取向以及消费习惯，而非盲目地一哄而上，什么都说，什么都做，最后无法聚焦，从而效果打折。

作为 MCN 机构和主播，必须在直播带货中清楚一间直播室的定位以及谁是潜在目标群体，然后根据目标群体的个人喜好提供内容，吸引其关注直播室的输出内容，最后在所输出的内容中穿插试图销售的商品。在目前的网红带货中可以看到很多主播在有意识地往做优质内容这条路上走，某主播的的带货模式就较符合这一模式，她的视频首先是给浏览者一股高雅的乡村气息，在所展示的场景中无意将自身所要推广与销售的商品穿插进去，提升潜在客户的喜好与购买倾向。

同时，快手与抖音的发展方向也已经用实践证明了做直播就是做内容，直播带货是可以成为商家运营的一个重要营销工具，根据与所推广的产品或服务目标客户的整体倾向，通过输出与所推广产品或服务相契合的优质内容，吸引目标客户群体关注，从而带来流量的引爆效应，为新品发行、提升品牌影响力进行助力。可以肯定的是，未来随着直播专业化程度的提高、技术的进步，直播的营销能力会进一步提升。

风格定位：电商直播最有效的几种直播风格

目前直播带货主要是围绕“吃（食品饮料）穿（服装饰品）美（化妆品）用（日用百货）”四大品类在进行，直播内容同质化严重，想要跳出这个圈子，就需要主播给观众塑造出不一样的东西，比如直播风格。

每个人都有自己的风格，进入直播，就要明确自己的风格定位，让观众一看到你就知道你是什么类型的主播，只有找准自己的风格才能有直播方向。然而现实中，我们看到有很多新人主播常常因为个人喜好而随意改变风格，这对于新人主播来说绝对是一大禁忌。

作为新人主播，在开播初期一定要根据自己的实际情况做出定位，并在实践中测试自己的直播风格，经过多次的互动测试，来感受用户的接受程度。

目前，淘宝直播带货最有效果的直播风格有如下几种（如图 2–2）。

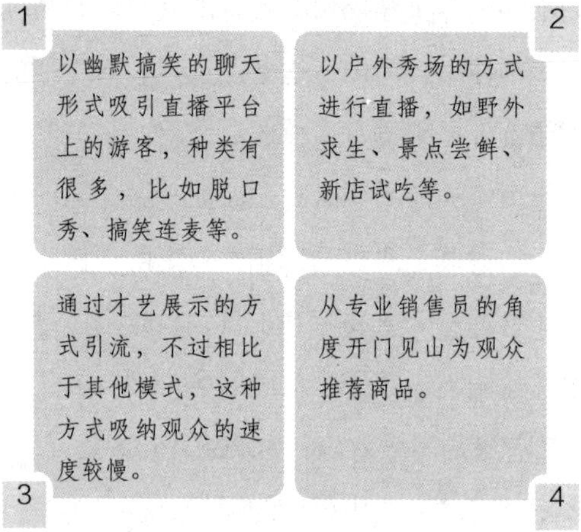

图2–2　四种受观众喜爱的直播带货风格

直播带货更接近去中心化后的自媒体，其核心魅力是主播的风格和个性，虽然在电商直播平台上，什么样的主播风格都能找到自己的受众群体，但是以上四种主播风格基本是观众和主播们都认同的，概括来讲就是“会搞笑、擅沟通、颜值高、专业性”。在这四种直播风格里，主播在直播时能展现出其中一种便可以在行业内站住脚，具备两条或以上便拥有了成为一线主播的潜力。

如何建立自己的直播风格？最关键的一点在于塑造出来的风格不能太跳脱于自己本身的个性，通常来讲，主播的风格一定是放大了自己某种个性之后建立的，而不是与自己的性格背道而驰伪装出来的。装出来的风格会很累，长期坚持很困难。如果某天装不下去了，人设崩塌很可能会使人气一落千丈。因此新人主播应该去寻找自己个性中的亮点，然后将亮点放大。

在直播风格如何塑造的环节上，罗永浩在近期的“抖音直播大师课”中曾透露，他本人在抖音首播开播前对于较为成功的直播间已经组织过集体观摩和集体讨论，但在直播风格上适合借鉴和参考的并不多。

究其原因，可能罗永浩是目前直播行业内唯一一个比较有影响力的、“粉丝”受众 80% 左右都是男性的主播这个客观事实，决定了罗永浩直播电商的风格和目前其他知名主播的风格不太可能一样。

那个在锤子科技发布会上侃侃而谈、在社交媒体中幽默诙谐的罗永浩一直被“粉丝”调侃为相声演员，而他在抖音首播时，直播间的实际情况却是一个较为严肃认真的氛围。

用罗永浩自己的话说是：“在介绍产品时并不是一个娱乐性质的综艺，让大部分消费者进入直播间的初衷是消费，这是‘交个朋友’直播间应该做到的。”对此，罗永浩还举了一个例子，他说：“当你商场购物时，导购先讲个 3 分钟段子，但即使他讲的比郭德纲还好，你仍然会很困惑，我来商场是为了买东西的啊。目的决定了场景，在直播间中我是一个‘导购员’而不是‘段子手’。”

在罗永浩看来，自己如何尽可能想办法用平台给的首播曝光流量，将这些走进自己直播间的观众留住，转化成为稳定的“粉丝”是自己考虑最多的，“如果多数人来这儿是想听相声，最后不买听完就完事，我们这个项目就失败了，所以他们必须是来买东西的。”

目前，罗永浩仍有很多想法和设计因为受限于直播间的条件没有实现，对于直播风格，罗永浩在“抖音直播大师课”中总结道，“每个主播都有自己个人的风格，发挥自己的风格，永远比模仿别人要效果好。”

迅速拉高转化率才是王道

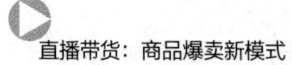

相信很多有做直播带货想法的读者都关注过直播行业头部主播的动态，一场场的直播销售额让我们在惊叹之余，不禁陷入一连串的思索当中：大主播是如何做到的？是天赋异禀，还是内有玄机？这些头部主播的成功能否复制？如果一个普通主播在平台直播带货，又该做哪些准备？

其实很多头部主播的成功，源自他本人和团队，在销售流程、销售技巧、客户心态、促单技巧上，都有过人之处，这些销售技巧虽然复杂，但并非普通人无法理解以及学习。复制头部主播的成功或许很难，但是学习头部主播的营销手法，让自身变得优秀，完全可行。

普通主播与头部主播并非单纯是人气上的差距，在很多环节上，那些久经实战的大主播，其自身话术以及营销方法都值得新人主播学习。例如，头部主播在每次开播前都要先弄清自己产品的优势，定位所需要的人群；考虑如何利用话术突出产品的质量、效果、优点等；做到一切软硬件设备的检查，保证直播具有清晰的音效和画质；在直播结束后，会根据产品数据决定是否继续进行平台付费推广和补单。

作为新开播的小主播，我们虽然无法将头部主播在直播时的玩法全部照搬过来，但在学习销售话术以及催单技巧之余，我们也可以通过其他方式来提升自己直播间的人气，拉高直播间的转化率。例如在前期开播阶段，我们可以动员亲朋好友创建账号进入直播间挂机，待 15~30 分钟深度浏览产品后再退出直播间；根据不同的平台政策，我们可以选择是否在直播时利用亲朋好友或是同事的账号进行“刷单”，在某些平台里，这种“刷单”的做法可以短暂地提升主播权重和吸引访客；无论在什么平台开播，主播都需要和观众进行互动，也就是网上所说的“带节奏”，任何风格的主播都不能一个人长时间的自说自话，而是需要与观众沟通，和弹幕互动，如果前期直播间实在没什么人，也可以让朋友配合自己在直播间询问产品性价比如何，自己再进行解答；在直播带货时可以设置货物上架时间以及上架数量，因此我们可以每隔一段时间就说“还有最后一件商品……”或者“距离本轮商品下架还有不到两分钟……”，人为地营造“饥饿营销”。

作为一名主播，最重要的还是要提升直播互动效果，调动用户的参与感，把观众留在直播间，以便接下来促进带货成交转化。要想提升互动效果，我们可以用以下小技巧。

多准备段子 + 做互动小游戏

搞笑段子逗人开心一笑，让观众觉得在你的直播间好玩，有意思。

做一些小游戏让用户有参与感，不用太难，如真心话大冒险、成语接龙等，让用户能够轻易地参与进来，而不是被你的游戏难倒，使得直播间冷场。

有问必答

积极、及时地回应，能让用户有被关注的感觉，提升用户的好感度，他们就会更加积极地参与到互动中，直播间自然就能热起来了。

红包 + 奖励，鼓励分享

在直播的固定时段（比如开播前 5 分钟）给观众发送福利，并通过红包、抽奖等福利活动，鼓励用户分享直播间，为直播间吸引人气，人越多，直播间才越热闹，气氛好，转化才更高。

推荐核心卖点

一款产品会有很多特点，但核心卖点只能有一个。尤其是在直播间里，用户看得到摸不到，如果你的产品卖点又多又杂，用户根本抓不到重点，反而显得产品很平庸，失去了亮点，更不用说转化了。

所以主播要尽可能地提炼出一个能吸引消费者的核心卖点，然后用各种方法来说服观众：亲自试用；展示产品成分，讲解专业名词；分享产品使用相关小技巧。

从众话术极力推荐

如果一件东西很多人下单，那么就会有更多的人跟风一起买。利用从众心理，我们也可以促进直播间成交。

例如我们可以借鉴那些头部主播在直播间里说过的这些从众话术：

“这款产品，在之前我们直播间已经卖过 XX 套了……”

“这款产品，是 ×× 药妆销量排名第一的……”

“这款产品在直播间开卖之前，已经有 ×× 人‘加购（加入商品购物车）’了……”

专业 + 信用保证

在专业和业余的比较中，相信消费者更愿意听取专业人士的意见。因此，在直播间里开口介绍产品的那个人（主播或是助手），对于产品的使用方法一定要理解到位。举个例子，在化妆品中，遮瑕的不同使用方法可以造成不同的效果——点状遮瑕、片状遮瑕。那么点状遮瑕是什么，什么时候用点状遮瑕，片状遮瑕又是什么，以及什么时候用等等类似的分享，对很少接触遮瑕知识的普通女性（潜在消费者）来说，虽然自己此前可能没听过两种遮瑕的说法，但若是你在直播时分享给了她们，那么这些观众就会认为你是专业的，所以你的推荐也是可信的。在这种基础上，给到用户信用上的保证，那么成交就很容易了。

第 3 章

明明白白上阵：直播带货前必须搞清楚的问题

现在，个人主播对于直播带货已经不是要不要做的问题，而是怎么做。拉长时间维度来看，只有早做或者晚做的选择。只是，每一次讨论这个话题，都因为环境的变化、行业的迭代，而得出完全不同的答案。就如现在，个人主播直播前后面临的困惑则是“粉丝少，直播带货能成功吗”“货从哪里来”“直播带货的主要收益点是什么”“作为主播,自身具备哪些能力”“是选择个人直播还是组建团队‘报团取暖’”。

面对这些疑惑，笔者将个人直播开播前必须搞清楚的关键问题集中在一起并予以解答，供各位读者参考。

“粉丝”少，直播带货能成功吗

关于直播带货，很多人下意识地认为：主播首先得是一个“大 V”、一个 KOL，有强大的“人设”、丰富的内容、海量的“粉丝”，才能赚到钱。

实际上，这种逻辑只是“粉丝经济”的逻辑，在此前的章节中我们讲述过“粉丝经济”与“宠粉经济”的区别，因而用“粉丝经济”的逻辑来实操直播带货，其实是对直播带货比较大的一个认知偏差。

自 2019 年以来，许多低调的创业者正在“带货”赛道上加速小跑、批量孵化新主播，这些仿照 MCN 机构运营的公司最主要的一个思路就是“素人爆单”：通过对抖音、快手等平台“算法推荐”规则的合理利用，让一个“粉丝”数在几百到几千的新鲜主播号，开播当天就卖出 100~500 单的销量，并且推波助澜，一个月之内使其销售量破万。

这些在短视频平台起步的主播，主页里的短视频作品很少，“粉丝”数量更是少得可怜。但是这些创业公司在运营账号的过程中爆单的关键是不怎么依靠“粉丝”数量的，他们更注重算法。在算法推荐取代传统社交分享成为“直播分发”主流的平台里，主播对这一点的理解往往导致极大的反差：有些“粉丝”上百万的“大 V”，因为不懂得这一点，直播间里往往只有不到百人。

“粉丝”数量并不能直接决定直播间人气，一般来说，目前几乎所有的直播带货平台的核心都是算法，如何围绕算法来做运营，则是主播能否打开销路的关键。

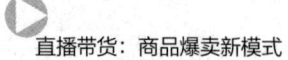

一个公开的秘密是，在自媒体平台，通过对人气主播进行巨额打赏而成功“挂榜”，就可以快速地完成人气的原始积累。看似“砸”了很多钱，其实平摊下来单个用户的获取成本不到1元，但用户消费的平均贡献却是成百上千。

这就是运营技巧，运营技巧在早期的APP（应用）推广中屡试不爽，从SEO（搜索引擎优化）到ASO（针对搜索引擎的优化），从刷榜、冲量、手机预装到积分墙，现在开始运用在直播带货的“冷启动”中。

对于这些“套路玩法”，早期入局者们是这么描述的：

作为分发的核心逻辑，算法本身没有主观好恶，机器无法判断内容的好坏，它只能依据数据做评断，于是你要做的就是赢得能带来更多流量推荐的数据。

具体到直播带货，算法最关注的就是能否在短时间内维持较高的人气：有多少观众、停留时长如何、公屏互动数据怎么样、新增关注如何等等，如果这些人气指标都满足，就会被推到下一个更大的流量池，如果依然数据达标则以此类推。

搞清楚了直播带货运营的技巧之后，最重要的就是去具体操作。首先要通过“砸钱”来快速积累观众。例如某平台，最简单的套路就是用少量投入购买“DOU+”，这样一上来就能获得较大和精准的推荐范围，操作空间和成功概率都增加了。

如何让观众停留、保持较高的互动？不要简单地认为要靠主播的颜值和才艺，任何直播平台上最不缺的就是颜值主播，直播带货的属性决定了主播无须具备较高的颜值和出众的才艺，关键是可以开展一些运营活动，比如随机抽奖、故意推延上架和抢购时间，或是通过一些销售互动话术留住直播间里的观众，一方面我们可以引导互动反馈，另一方面则是将用户的注意力牢牢控住。

这些都是精细的操作，所有的操作都是为了更好的数据表现，所有的数据都是为了平台更大的推荐。

从这个角度看，如果说通过短视频接品牌广告更像是传统自媒体的路线，那么直播带货更像是APP推广和电商促销中的“拼运营”，是一个“增长黑客”（Growth

Hacking，即创业型团队在数据分析基础上，利用产品或技术手段来获取自发增长的运营手段）的活儿。

正因为如此，当内容领域的创业者们还在为如何快速引流而踌躇不前的时候，拼运营的创业者们已经默默发育，悄悄开始爆单了。

理论上来说，直播带货的爆单并不需要很多“粉丝”，当然，如果有“粉丝”基础更好。一个最明显的现象就是：生活中，我们逛街时总是能够看到大型商场的特卖活动，台上控场的主持人可能魅力十足、形象突出，但对方没有什么名气，台下驻足观看的人群里也并没有多少人是他的“粉丝”，这些并不重要，只要主持人能把商品快速卖完就行。

很多发展成为行业头部力量的大主播也不是一上来就元气满满地生产什么内容，而是通过内容慢慢“涨粉”，他们的目的也只有一个——带货。

直播带货，货从哪里来

在山东省菏泽市境内，有一个名不见经传的小县城叫作曹县，在改革开放后的很长一段时间里，一直躺在贫困县的名单里。但是近些年曹县经济突然崛起，曹县人这几年迅速暴富，曹县的人能有多富呢？曹县管辖下面有一个村——丁楼村，在国家统计局的一份数据报告中显示，丁楼村人均年收入超过 10 万，甚至超过了北京、上海等一线城市的人均年收入，几乎是广州的两倍。曹县经济腾飞的背后隐藏着什么秘密？曹县人又有着怎样的致富经？央视纪录片《淘宝村》给出答案：一手货源 + 电商渠道。

对于汉服爱好者而言，曹县并不是一个陌生的地方，它是中国汉服的主要生产基地，经过多年发展，曹县已经形成了“前店后厂”的商业模式，边生产边销售，全部通过淘宝运往各地，目前，庆生服饰、表演服饰、汉服等产品已经卖到了澳大利亚、泰国等世界国家和地区。

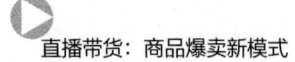

一手货源配合电商的销售渠道，使曹县的经济瞬间被盘活，2018 年，曹县有淘宝村 113 个，成为仅次于义乌的全国第二大淘宝村集群，曹县的崛起是中国农村经济与电商产业发展的一个缩影——大批农民通过简单的培训当起了键盘手，在网上推销起了当地的产品；更有许多游子返乡创业，办工厂建企业，自己当起了老板，通过一根网线连接起全国各地甚至是世界各国的消费者，通过屏幕和对方做起了生意，这在过去简直是不可思议的事，而在互联网时代，曹县人民通过电商、直播带货等销售模式赚得盆满钵满。

做电商，无论是网上开店还是直播带货，如何卖货并不重要，那些销售技巧、催单话术等都可以通过实践慢慢学习积累，相比于销售端，营运端则更显重要。想要做好直播带货，主播首先要解决自己的一手货源，这是所有主播将电商带货做大的前提。因为做电商带货拼到底，拼的就是价格和款式！只有自己掌握一手货源，才能具备这个优势！那么，如何才能找到一手货源呢？对主播而言，通常有以下四种渠道。

渠道一：实地勘察、线下合作

主播寻找货源，可以直接探访全国各地的生产基地、到各个行业的商品集散地寻求合作。在互联网时代，这些信息都非常透明，用户可以随时随地利用互联网搜索引擎查到相关信息，例如想做小商品，就去浙江义乌的北下朱村；做服装就到杭州的四季青、广州的白马；做手机、化妆品就到深圳的华强北等等。很多直播带货的主播都是在这些商品生产基地找到一手货源。这种渠道的优点在于，能直接联系到生产厂商，可以避开中间商赚差价。不过这种渠道对于有正式工作、平时想兼职做直播带货的主播而言并不大合适，无论从时间或是从其他成本上来说都略高，那么我们不妨从另外三种渠道入手。

渠道二：网上拿货

网上怎么拿货呢？目前，一部分主播使用电商批发来拿货，在货比三家的情况下有时也能拿到一些价格较低的产品。但是这种渠道主播需有一定的投入，而投入则代表自己会承担一定的风险。如果直播带货效果不明显，那么这些货会长时间压在自己手上。

渠道三：无货源“玩法”

与电商平台的一些商家取得联系，以自己从中拿提成的形式进行。与前两种货源渠道相比，这种渠道中主播本人承担的风险并不大，不需要有资金上的投入，也不用很麻烦地进货发货，全部都由商家负责，自己只负责直播就好了。但缺点是大部分利润让商家拿走了，自己只能拿到一小部分利润。而且无货源“玩法”，主播有时也会遇到一些不靠谱的商家，由于自身各种各样的原因拖着订单不发货，遇到这样的情况，主播基本上就是白忙活，耗费了时间不说，还得罪了观看直播购物的消费者。

渠道四：家乡资源

主播可以卖自己家乡的特产资源，比如住在东北的朋友就有东北三宝（人参、貂皮、鹿茸），这种就是老家是原产地，直接拿第一手货源，直播带这些特色货就会很有吸引力。

直播带货的收益来自哪里

100多位县长、市长共同走进直播间为当地产品“代言”；央视公益直播为疫情较为严重的湖北地区带货超亿元；携程联合创始人梁建章直播6场带货1亿元……商务部大数据监测显示，2020年一季度电商直播超过400万场。直播带货频上热搜，“买它、买它、买它”，俨然成为当下的网络热词。

在“宠粉经济”的推动下，一些行业里排的上号的网红大主播只要开播卖货，必“定就是爆款，似乎“售罄”永远都是直播间的符号。那么对于头部主播来说，直播带货的收益真的有想象中的那样丰厚吗？这些“网红”明星做直播带货的主要收益点又在哪里？别着急，让我们接着往下看。

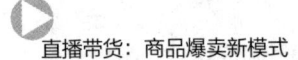

顶流的主播坐拥大量“粉丝”，这些“粉丝”能够为主播带来不菲的开播费与佣金抽成。一般情况下，品牌与“网红”主播合作为“服务费 + 佣金”的收费模式。佣金分成一般在 15%~35% 之间，在 20%~25% 之间是常态。

对于头部主播而言，品牌商会给出商品近 90 天的历史最低价，还有其他赠品、直播优惠券等附加项目，头部主播日常混播的一个坑位费为 4 万 ~20 万，佣金 20%~40%，普通类目商品佣金一般为 20%，美妆则是 40%，“双十一”等特殊时间段则翻倍。

以罗永浩抖音首播为例，他的那场直播收益主要由三部分组成，一是“坑位”报价，一个“坑位”报价 60 万元，共 23 个坑位，进账 1380 万元；二是货品销售佣金收入，根据抖音给出的数据，罗永浩直播带货支付额为 1.4 亿元，按惯例主播分佣 20%，这一晚，罗永浩佣金收入约在 2800 万；三是观众送出的可以折现的虚拟礼物，共计 362 万人民币，刨去抖音平台的虚拟礼物的 50% 分成，罗永浩也可以得到 181 万。因此，三者相加，最后大致得出 4361 万元人民币的结果（税前）。

不了解电商直播模式的读者可能不清楚，罗永浩的“坑位”报价非常高，不过考虑到这是罗永浩在直播带货行业的首秀，有一点溢价也很正常。

对于这些行业头部的顶级主播来说，一夜获利百万甚至千万轻而易举，那么普通主播一场直播下来大约能赚多少呢？根据大数据得出的结果，目前有超过 71% 的全职主播月薪在 1 万以下；兼职主播（每天播一两个小时）的收入更少；不过也有一些条件较好，有过相关直播经验的兼职主播能与商家达成合作，拿到 50~150 元的时薪，按每天两小时出镜来算，一个月可以得到的报酬则为 3000~9000 元，如果所在的直播平台开通了“打赏”功能，则会有另外一部分额外虚拟礼物的分成。

主播必须具备哪些能力

电商直播无疑是 2020 年最大的风口，无数人都想从这个风口分一杯羹，其中主播这个职位最受普通人青睐。顶级主播的成功案例和高收入的诱惑使得大量俊男靓女涌入直播间，但市场上真正能成功带货的主播只占很小一部分。那么想要成为一个成功的带货主播，需要具备哪些能力呢？

有明显的个人风格

相比于传统直播的三大类（游戏、颜值、泛娱乐）而言，成为一名电商主播的门槛并不高，甚至不需要娱乐主播那样的才艺和高颜值。但想要在直播行业里做大，就一定要有能吸引人的个人特色或者准确的个人定位，这样才能让人记住你，从而积累“粉丝”。

有亲和力，能让“粉丝”对你产生信任感

电商主播最终的目的还是卖货，“粉丝”越信任你，你带货的能力就越好，所以亲和力也是必不可少的。

具备相关的专业知识

至少要对自己带的产品功能如何、特色如何、性价比如何了如指掌，这是对“粉丝”负责，也是对主播自身的信誉负责。一开始不懂没关系，这些专业知识可以逐步积累和学习，当你越专业，“粉丝”对你的信任度就越高。

“能说会道”，有一定的销售技巧

带货主播可以不具备颜值、才艺，但口才一定要好，还要有一定的销售技巧。

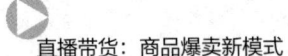

比如找准产品，或产品能够戳中“粉丝”的亮点，还有用加强实惠感、紧迫感等方法去激起观众的购买欲等。

热情

主播最好精神饱满，在镜头里始终保持热情洋溢。这在刚开始的时候很难做到，因为新主播直播间里都没有“粉丝”和流量，只能自己对着镜头自言自语，很多新人在这个阶段会心灰意冷提不起精神，讲话有一段没一段，甚至是低头玩手机，这对随时会进入直播间的观众来说体验非常不好。

有一位某平台头部主播，在直播时会处在一种极度亢奋的状态。很多观众就是被他的激情所感染，所以愿意在他的直播间里多停留一会儿，而在观众愿意驻足观看的这一两分钟里，可能就会有人下单。这种风格是他刚成为主播时就养成的，一直维持到今天，可以说真的很不容易。尤其是成名以后，还能以很高的频次、饱满的热情来对待每一场直播，是非常值得敬佩的。

有良好的应变能力和较高的情商

直播间里任何突发状况都有可能出现，需要主播随机应变，并对观众提出的问题及时进行反馈，这样才能给观众良好的直播氛围和体验。

要坚持，有坚韧的毅力和强大的心理承受力

刚开始积累“粉丝”是最难的阶段，很多新主播都没有熬过这个阶段，因为没法坚持“自言自语”，或者面对一些不好的评论无法调节情绪。

单兵作战还是团队运营

直播带货行业，创业者究竟是单打独斗还是选择报团取暖，这是一个老生常谈的话题。目前行业人员普遍形成的共识是，在事业起步阶段，单兵作战会更有利一些，因为一个人决策肯定要容易很多，而且船小好调头，要改变方向也是随时的事情。另外，在这个阶段，创业者能获取到的资源（利益）是有限的，发展的好一点养活自己绰绰有余，但很少能养得起一个团队，因此从多个角度来看，单兵作战非常适合起步阶段。

不过，当创业者的事业有起色之后，受限于个人的时间、能力、精力、资源等因素，就一定会遇到瓶颈。瓶颈突破不了，就很容易拖垮主播的身体、精神状态。我们知道，时间效率决定了自身价值和项目价值。一个人长期的独自运营，体力、精力、时间总有跟不上的时候，同时，来自各方面的压力也很难让主播一个人做下去。

此时，团队作战的方式则成为更好的选择。单枪匹马的主播必须要扩大团队或找合伙人，团队扩张、核心产品、盈利模式和业务扩张，是直播行业的一道道障碍。越到后面，个人的力量越渺小。如果要做主播，就务必保持高频率开播，尤其是做活动时，没有团队，单凭一个人的能力想要在直播业“掌控雷电”，几乎是不可能完成的任务。

在直播带货这个行业，很多新人主播都是奔着个人的兴趣爱好，或者拥有从事相关工作的经验和能力，来完成这件事情。但是，当主播的事业逐渐步入正轨后，往往就会开始考虑一个问题：“如何将直播做大”。在思考这个的过程中，许多个人主播在持续发展的状态里逐渐转化为一支团队，甚至是一家公司。在团队快速发展的阶段，则会产生很多问题，最主要面对两大问题：团队合伙人问题，利益分配问题。这两大问题导致了许多主播团队分裂、散伙，因此能否克服这些困难，也全要看主播的管理天赋和情商。

2020 年 6 月份，处于行业风口浪尖的李佳琦和薇娅一同做客央视《对话》栏目。在这期节目中，最引人注目的话题当属李佳琦和薇娅自曝了背后的团队。

据薇娅介绍，自己拥有一支 500 多人的团队，根据“用户需求”“主播亲自体验”“市场热度”三个维度来进行层层选品；李佳琦则称，为了更好地选择商品，他所在的团队创新了一支 QC（质检）团队，所有的成员都是研究生，包括做食品研究、化工测试的专业人员。

薇娅公司总部位于杭州的阿里公园，拥有十层楼和 500 多名员工，其中包括 300 个现场直播团队成员。李佳琦的团队规模虽然比不上薇娅，但也有 300 多名员工，几乎整个公司都围绕着他的知识产权来运作。

我们在屏幕前看到的只有主播与助理两个人，但在直播间的华丽灯光背后，“薇娅”“李佳琦”这两个大名如此响亮，并非一日之功。他们是由数百人的团队支撑着，一步一步走到了今天。但团队建立起来了，要协同运作谈何容易？薇娅和李佳琦从单枪匹马到逐渐成为团队的绝对核心，也在面临着团队管理的难题。

例如，2020 年 3 月份，李佳琦直播间有一位工作人员违反了规定，用自己的小号参与李佳琦直播间抢红包的活动，引起大量直播间观众的不满。其后，这名工作人员在直播间里郑重道歉，并做出了相应补偿。在道歉的过程中，工作人员不禁流下了眼泪，而李佳琦也因为心疼自己的员工而红了眼眶，背过头去悄悄拭泪。

与李佳琦温柔耐心的管理风格相反的是，薇娅在日常的工作流程中，如果员工犯错，则会毫不犹豫地指出并批评。在 2020 年春节期间播出的一集《十三邀》中，许知远采访了薇娅。片中，薇娅刚从一个颁奖典礼下来，转头就进了后台搭建的临时直播间，她坐下来便问：“明晚 7 点开播的宣传文案有没有写？”底下的工作人员回答不上来，薇娅不客气地道：“你们这些事情能不能在我直播前准备好？为什么所有的事情都是讲一句做一句……很多次了，到底有没有人负责？”

虽然李佳琦和薇娅对待员工下属的态度不同，但实际上他们的现状都是现如今很多头部主播的缩影。在“网红”主播的团队中，主播往往就是该团队的最高管理者，而管理者在团队中是否能将自己准确定位、建立威信，能否提升团队的执行力、凝聚力和战斗力，则关系到整个团队的发展。因为只有做好团队管理，手下的员工才能紧跟主播的想法“指哪打哪”，无往不利。

第 4 章

抢占直播红利：企业做好直播带货营销的要点

目前来看，直播并不只是个人主播的蓝海，同样也是无数企业直接面对C端（消费者端）的重要工具，我们可以看到，很多企业领导者亲自上阵，也都做出了很好的效果。直播带货创造了商业的奇迹，重构了商品交易模式，未来很有可能发展成万亿级的大市场。对企业而言，直播带货正逐渐与企业营销进行融合，企业之所以看重直播，除了直播能快速聚集流量以外，还有一个重要原因，那就是直播更加接近线下实体店——主播可以在直播间里做各种各样的产品展示、产品介绍、产品对比，这意味着直播带货是一次工具的革新，而工具的革新绝对可以带来营销的新变革。因此，直播正逐渐成为企业未来的营销重心。

品牌想做好营销，直播不能少

目前，大部分电商平台基本都打造了直播功能，吸引了不少流量，也都或多或少达成了各自的转化目的。而在直播吸引活跃流量的情况下，对品牌来说，它自然也是一个不可错过的营销机会与渠道。

现在，对于大型平台而言，直播开始成为产品的底层能力，除了淘宝直播、抖音、快手外，京东、拼多多、B 站都开放了直播功能，而小红书、蘑菇街等导购社区则早已在直播领域做过诸多尝试，甚至 QQ 音乐、网易云音乐这类音乐类产品也开始发力直播。

对于品牌方而言，直播已经成为当今媒介环境中必须被认真考虑的一种传播手段，事实上，也有大量的品牌通过直播的方式实现了新冠疫情期间的快速增长。

品牌方做直播营销的优势

做过企业营销的人都清楚一点，那就是“用户在哪里扎堆，营销就应该出现在哪里”，面对当下风头正劲的直播带货，未来几年内品牌想要做营销，就必须了解直播，懂得直播并开启直播。

与传统线下营销模式相比，直播营销具有两大优势。

第一，目前从营销的大环境以及营销大数据来看，直播带货的确是产品销售转化效率相对较高的一种营销方式。与线下的实体店相比，线上直播带货的销售

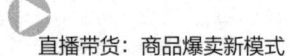

能力更强。直播通过现场互动的方式刺激用户在观看过程中直接购买，通常情况下，行业头部主播往往能够为用户获取更大的商品优惠力度，用户也更容易产生冲动消费。

第二，企业能够通过直播得到更有效的用户反馈。在产品已经成型的前提条件下，企业营销的重点是呈现产品价值，实现价值交换，但是为了持续优化产品及营销过程，企业需要注重营销反馈，了解消费者的意见。由于直播互动是双向的，主播将内容呈现给观众的同时，观众也可以通过弹幕的形式，分享体验。因此企业可以借助直播，一方面，收到已经用过产品的消费者的使用反馈，另一方面，收获现场观众的观看反馈，便于下一次直播营销的修正。

但在目前，市场上的企业直播营销也普遍存在粗糙、不规范的问题。很多日常看直播带货打发时间的观众都不太喜欢进到企业的直播间，相比于个人主播，企业营销直播中普遍存在内容乏味、时间太赶、无持续性以及低品质感等问题。直播是企业的一个长期战役，未来企业直播的频次可能会达到一个月超过十场的强度，那么如何进行直播营销，将是企业目前急需补习的一门功课。

品牌该如何开始直播营销

企业应该如何开始直播，又如何选择直播平台呢？笔者通过收集到的公开信息，对目前国内的各大直播平台做了一次梳理（表 4-1）。

表4-1　各大平台直播带货相关情况

直播平台	日活跃用户数量	平台特点	平台直播定位	适合的品类
淘宝	2.4亿	购物 种草	带货	全品类
抖音	4亿	都市人群为主	娱乐 带货	品牌商品
快手	3亿	下沉市场为主	娱乐 带货	非标品 地方特产

续前表

直播平台	日活跃用户数量	平台特点	平台直播定位	适合的品类
拼多多	1.35亿	下沉市场 社交电商	带货	村播特产 小商品 农产品
京东	0.44亿	都市人群为主	带货	品牌商品
B站	0.4亿	年轻化 二次元 Z世代	娱乐 游戏 带货	科技数码 小众潮品
小红书	0.25亿	女性群体 美妆种草	美妆 种草	美妆 消费升级类产品
微信	10亿	综合	综合	全品类

总体来说，目前各大平台对直播的申请门槛都不算高，还处于拉新的阶段。以淘宝平台为例，只要品牌商家所销售的品类不在限制类目范围内，且过往经营状况良好，基本上都能申请到开播的权限，除此之外，一些小店铺店主也能通过相关资质审核和考试成为主播。

选取匹配的直播平台、采用合适的直播方式，对品牌直播的最终效果而言更加重要。在目前的平台中，淘宝、快手更具有带货性质，无论是与合适的主播合作，还是自建营销团队直播，都可以快速进行带货转化；京东和拼多多也正在发力直播业务，尤其是 2019 年底开始发力的拼多多，对于下沉市场村播农产品和地方特产品类，更加匹配。

值得品牌方注意的是，目前各个平台的直播内容也都在业务摸索的过程中，例如微信生态中的直播功能就一直处于内测阶段。尽管微信直播的流量巨大，但其中的商业机会还是要看微信官方的政策和功能开放情况。因此，品牌方需要根据平台后续的政策和内容策略进行选择，多跟平台沟通以获得更多的流量资源及推荐。

企业该如何抢占直播红利

直播对企业营销的影响，不仅仅是营销手段上的一次改变，更是企业营销思路上的全面焕新。要知道，未来的品牌新媒体传播及运营中，将不仅仅存在“双微”为代表的图文信息、“抖音快手”为代表的短视频信息，直播内容运营也将成为企业的标配。

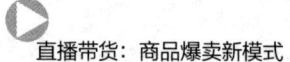

所以，对于企业而言，直播是一定要做的，直播的红利不能轻易错过。企业未来想做直播营销，可以从下面三个方面展开。

1. 组建直播运营团队

早在 2003 年，电子商务慢慢兴起，电商逐渐成为各大品牌的重要销售出口，此后企业的电商团队几乎成为每个消费品品牌的标配；2012 年微信开放公众号功能后，微信公众号便成为品牌宣传的重要窗口，大多数企业的新媒体团队才正式得以组建，而如今新媒体团队已经成为企业市场部的标配；2018 年以来，以抖音和快手为代表的短视频平台开始兴起，不少眼光超前的企业相继组建视频编导团队，其中一些企业也抓住了短视频红利。

相比于图文和短视频，直播离电商销售更近，直播团队的组建将成为营销的必选项。其中值得注意的点是：理想状态下，品牌在不同平台直播，需要有匹配相应用户的内容，也就是说内容需要做一些定制化设计；数据运营层面需要跟电商部门进行相关协调，需要根据数据反馈不断地去优化主播话术及内容创作方向。

2. 直播 IP 的打造和积累

在直播过程中，用户对商品的转化动力，更多来自对主播本人的信任，优秀的主播几乎最终都会走向 IP 化，而品牌对主播的打造，本质上也是一种在品牌下打造个人 IP 的过程。在直播营销的场景下，品牌的个人 IP 打造需求要更加突出。

3. 品牌直播间的打造

目前，各个主播、平台的流量十分分散，如果各自运营的话到后期会十分被动且成本巨大，最终很可能会事倍功半，无法形成品牌黏性及私域流量池。

因此企业需要通过品牌直播间的形式将流量进行聚合、强化整体上的品牌 IP，最终才能实现真正意义上的品效合一。也就是说，无论平台如何、主播是谁，品牌在直播中都需要有品牌自身的识别度，让观众知道来看直播是为了品牌本身而来，而不是单纯地为了看主播。

品牌直播间的打造其实是一次系统的品牌价值及策略的梳理工作，需要具有丰富的电商运营实战经验，如果企业单独进行内部执行，不仅资源筹备及整合难度大，且试错成本较高，很容易掉“坑”里。建议那些从来没接触过电商运营的企业，前期可以通过寻找经验丰富的营销服务合作方来实现更高效及低成本的搭建及尝试。

直播将如何改变营销行业

随着 5G 时代的到来，VR/AR 等视频技术的进一步成熟，或许将会在未来改变整个营销生态。

以往，电商平台更多是承载着卖货功能，相当于线上的销售点，比如在淘宝上的电商运营，更多是通过传统的钻展（钻石展位）、直通车等流量购买来推进。可随着直播的普及，电商平台将会转变为直播内容阵地，而所谓的直播带货，其实可以看作是一种内容电商的形式。内容元素的引入，也会让电商平台成为新媒体运营的战场，一个明显的现象是，淘宝上有相当部分的用户“只看不买”，这是由于直播内容本身对这些用户有很大吸引力。淘宝曾在 2019 年的一次采访中透露：有超过 1500 万用户每晚逛淘宝，但并不消费。如此看来，在直播的渲染下，电商平台已经开始具有一定的内容和媒体属性。

直播带给营销行业的另一个重大变化是使 MCN（Muti-Channel Network 网红中介机构）的竞争压力加大。随着越来越多企业开始组建直播团队，传统 MCN 的业务可能会承受更大的压力，因为企业组建内部直播团队，其实是在承担一部分 MCN 的职能，从某种角度来看，存在一定的竞合关系。但就目前来看，直播营销依旧处于一个早期红利阶段，非常适合个人以及品牌方去做。

找直播“大V”合作，让其带货

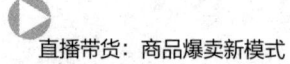

当直播带货的风口到来之际，似乎很多企业主都认为以后的销路不愁，因为只要出钱与网红达成合作，做几场直播，那些积压在库房里的货物分分钟就能卖脱销。然而事实真是如此吗？

实际上，即便是那些愿意投入大量资源的品牌商也并非能玩转直播带货，有时甚至连“赔本赚吆喝”的营销效果也没能达到。一些经验有限的品牌商仅仅看重网红“大V”的“粉丝”数量，而忽略了网红的活跃领域不同会有不同的“粉丝”黏性和消费能力等诸多影响成单率的因素。也就是说并不是商家有好的产品就一定能做好直播带货，在寻找网红“大V”合作的过程中，还需考虑什么类型的主播适合带自己的货、用哪种合作方式能够达到双赢等问题。

品牌商与网红“大V”建立合作前一定要想明白一个基本道理，并不是所有的网红都有超强的带货能力。比如说，一个平时以输出幽默搞笑内容为主的大V，虽然他在某个平台上有超过百万的“粉丝”，但并不代表他能够高效连接到“粉丝”带货，原因有二：首先，关注他账号的用户多数是图“一乐”，并不是奔着买商品去的；其次，该主播没有太多直播带货经验，尽管在直播时能抖出一个又一个的“包袱”，让直播间的观众全程笑点不断，但就带货而言，他并不具备完整描述一件商品的表达能力，因此他并不适合带货。

作为品牌商，我们该如何寻找合适的主播进行带货合作？主要有两个方向供我们考量：账号定位与产品目标消费人群相匹配，如果品牌商是做美妆类产品，那么当然优先是找一位美妆类的主播，毕竟关注该主播的“粉丝”大多是为了提升自己外在形象的人群；找电商主播，而非单纯以颜值走红的主播。目前国内最大的电商直播平台当属淘宝直播，而淘宝直播的“红人”基本上都是以推介商品为主，与娱乐类主播相比，即便纯电商主播在“粉丝”方面比娱乐主播略少一些，他们也往往能带出更多的货。

那么，品牌方能通过什么渠道联系到主播呢？最直接的方式莫过于利用后台对主播发布私信，但对于“粉丝”众多的“网红大 V”来说，每天的私信数不胜数，几乎没有人能一条不落地读完私信，因此这种方式效率极低，正确的方法是在主播开播的时候在直播间通过弹幕进行询问，比起私信，这更会引起主播的注意力。第二种方法，品牌方可以直接联系经纪公司，目前，绝大多数的大主播背后都有经纪公司，所以可以直接和所属公司进行商务沟通。

双方的合作方式又有哪些呢？第一，直接砸“坑位”费请主播推广直播；第二，以产品佣金的形式进行合作，主播卖多少货，就抽取多少佣金作为自己的报酬；第三，“坑位费 + 产品佣金”，在理解前面两项合作方式的基础上，再理解这个就比较好理解了，也就是两份钱主播方都要收；第四，以产品货款冲抵推广服务费 / 佣金，这种操作方式在广告行业由来已久，就是说假设双方商谈的直播的广告费是五万元，那就直接送主播五万元的货物。主播卖出多少，收入多少。品牌方相当于拿出五万元钱给自己打了一次广告，外加清库存。

品牌商做直播带货，除去以上工作要做以外，后续还有物流、售后等一系列事情，当然，这些都是品牌商责任内的事情。另外，品牌商要想产品被优质网红选得上，使其产品能在直播间短短的几分钟时间内销售一空，产品也要具备一定的竞争力，最起码相同的品质下，价格一定要低于市场价，如果做不到低价位，广大消费者也是不愿买账的。

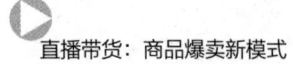

自建直播团队，打造品牌直播间

现在的商业竞争都在强调团队作用，如果想要真正做好直播带货，搭建一个团队来运作是非常有必要的，一般来说，前期直播压力小的时候，两三个人就能组成一个直播团队。当然，随着直播时长、频率和货品的增加，团队人数也应适量增加。企业搭建团队优先考虑的是岗位设置，其次是工作内容，然后是工作流程，而相关制度规则要根据不同企业自身情况而定，但总体上大同小异。

与个体“网红”搭建的团队相比，企业商家由于自身是有营销产品的，因此不需要对外寻找供应链合作，那么在团队建设的过程中就不用设置负责商务外联的岗位。如果想拓展品类，或者联合一些品牌跨界合作，则可以设置一个短期的商务岗位。

那么抛开“可有可无（具体看企业业务情况）”的商务岗不谈，通常情况下，目前企业直播运营团队的“标配岗位”有：主播导购、助理或场控、内容策划、数据运营以及化妆或灯光这五个岗位。这其中有些岗位也是可以合并的，在预算不够的情况下内容策划和数据运营、主播和助理都是可以合二为一的。

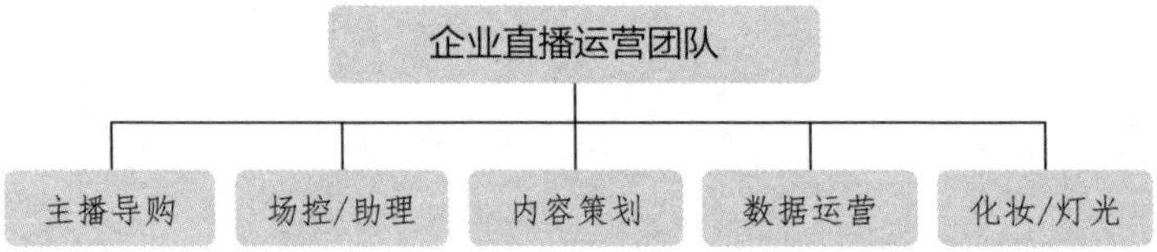

图4-1　企业直播运营团队岗位设置

主播导购的岗位工作内容有开展直播、跟消费者互动、对消费者进行引导以及参与策划直播的内容；而场控或者助理的工作则强调辅助，工作内容有协助主播开展直播、参与策划直播的内容、在各大平台发布直播预告、在直播间充当副主播的角色进行互动和引导。

从某种程度上讲，主播与场控或助理的工作内容有一部分是重叠的，比如负责控场、活跃直播间气氛、对产品展示介绍等。对用户体验来说，通常情况下有助理要比没助理更吸引人。在直播时，助理的主要工作内容有点像相声当中的捧哏，帮助主播插科打诨，活跃直播间气氛，配合主播与观众进行互动。比如主播在直播间里面喊准备发红包了，那么场控或助理就得通过后台进行相应的操作。

当然，直播前后的产品上下架、价格调整等等工作也是由场控或助理来负责的，总之维护直播秩序、确保直播有序进行都需要场控或助理进行协作。不过，若是企业预算不足，那么主播、场控或助理这两个岗位的工作可以合并到一起，交给主播自己一个人来做。

直播，其实也是演出的一种，因此背后需要一个指挥全局的岗位，这个岗位便是内容策划，策划的性质有些像运营总监，策划工作内容不仅要涉及自己这个直播团队部门的管理和策划，还需要对接企业的其他部门，所以策划的工作内容会涉及产品选择和产品内容规划，促销活动策划，直播脚本的策划，以及各种内容的策划、制作与分发。

前面我们提到过，数据运营岗位的工作可以由策划来兼顾，这样做的好处是能让前后端的工作流程走通，即策划能够通过后期的数据情况反映出来的问题，更好地优化接下来的工作，如果独立出来一个数据岗位的话，那么沟通交流上还是存在信息损耗的。不过弊端在于策划的工作量以及工作压力会变得非常大，毕竟数据分析工作是一件非常耗费精力的事情，单是整理出数据不行，还得分析出数据背后反映的问题，如果没有数据分析师的专业知识做支撑，则很难发现直播间人气上不去的关键原因。

当企业将直播团队的人员配置齐全后，下一步就是要让这个团队流畅地运转起来，包括开播前的准备、制定营销策略、场景搭建、后期复盘等，尤其是各岗位之间的对接工作一定要做好，避免不同岗位之间各自为战。

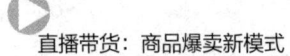

让专业直播公司代运营

当前，内容的同质化和转化率低是直播带货面临的主要问题，想要解决“直播经济”发展的瓶颈，就要从运营入手，才能解决根本问题。如果企业人力有限，不愿在直播带货上面耗费太多精力，那么也可以通过代运营的方式，拓展公司直播营销业务。选择直播代运营，对于企业来说具有哪些好处呢？

节省资源和减少费用

对于没有直播经验的企业而言，创建运营团队不仅比直接找代运营要付出更多的金钱，还要承担人员流动性较大的风险。

更专业、更有效

俗话说“专业的事情交给专业的人来做”，变现是企业的最终目的，无论是直播的前期规划、脚本方案，还是中期的直播技巧，又或者是后期的直播问题处理，专业的直播代运营团队会给出更加专业的全套方案，从而达到快速提升数据的目的。

更加稳定

当前直播带货的热门平台中，快手跟抖音都是强算法，它们有很多类似的地方。例如平台会根据直播的“粉丝”点赞数、评论数、完播率以及“粉丝”在直播间停留时长、活跃度、账号的“粉丝”数等等，来核算直播的推荐量。而专业的代运营团队熟悉各个直播平台的规则，所以能够很好地利用规则，从而保证企业账号在不同直播平台更稳定地运营。

更快捷的营销覆盖

用户在网站浏览产品图文或在网店翻看产品参数时，需要在大脑中自行构建场景，而直播代运营完全可以将主播试吃、试玩、试用等过程直观地展示在观众面前，将传统的线下导购、线下逛街体验直接搬到线上，实时地将用户带入营销所需场景，增强用户的购物感官体验。

更直接的营销效果

经验丰富的直播代运营团队更加注重细节，例如在直播的过程中，消费者在购买商品时往往会受环境影响，当看到“很多人都下单了”“感觉主播使用这款产品效果不错”等原因而直接下单，而专业的直播代运营团队可以在这些方面发力，强烈刺激观众的消费情绪，大大提高了下单率，使产品转化率增加。

目前，很多代运营管理公司的模式都是按套餐服务收费，多数代运营机构将套餐分为初、中、高档次的套餐。最低套餐合作每月 5000 至 10000 元，无论企业自建直播团队还是选择代运营，做直播带货都是一个长期的运营过程，没有时间的积累，是很难有良好效果的，由于考虑到这一点，很多代运营公司也都将合作期限最低设置到了半年的时间。市场上在做直播带货的代运营机构有很多，企业方在寻求合作时应从口碑、成功案例、方案、服务体系等多方面因素进行深入考察并慎重选择。

打造“1+N”矩阵，扩大直播效果

与传统营销手段相比，电商直播具有显而易见的优势，例如参与感强、互动性强、传播范围广、精准性更高等。一场成功的电商直播，不仅可以有效带动销售，增加成交额，实现付费转化，同时对于塑造品牌影响力也有很大的帮助。企业联手网红主播卖断货的背后，离不开各方面精心的设计。而矩阵引流则是商家引流的重要一环，通过直播矩阵投放，企业能够带动“粉丝”效应，增加品牌曝光，促进流量变现。

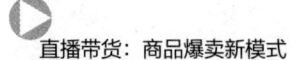

以 2020 年上半年美的置业与天猫的联合活动为例，其营销覆盖微博、微信公众号、腾讯视频、淘宝直播、抖音短视频及直播、拼多多直播等多个推广渠道，最终实现合约销售金额 482 亿元，同比增长 2.1%；营业收入约为 209 亿元，同比增长 47.5%；核心净利润 23.6 亿元，同比增长 24.7% 的好成绩。由此可见，多渠道的全网营销方式，在电商直播中能实现抢夺流量、高效转化的效果，为品牌带来知名度和销量的双重提升。

“1+N”矩阵营运系统是一个非常完善的企业营运系统，在“1+N”的矩阵中，“1”是企业品牌本身的流量池，所有的“N”带来的流量都必须导入到这个流量池，最终完成“1+N”建立信任、“1+N”成交追销、“1+N”锁定裂变这样一个螺旋式循环往复的过程。

“1+N”矩阵引流端口：WEB 端、WAP 端、APP 端、小程序端。

“1+N”矩阵引流载体：文章、图片、声音、视频和多媒体。

“1+N”矩阵引流平台：新闻源、自媒体、社交平台、游戏平台、文章类平台、图片类平台、声音类平台、视频类平台、多媒体类平台、电商类平台。

“1+N”矩阵引流展现形式：“1+N”矩阵引流账号名称、“1+N”矩阵引流标题内容。

打造“1+N”矩阵，企业至少要满足三个条件：多平台开设直播账号；策划标杆直播活动及次要主播平台；落地执行。

各个平台的“玩法”是不同的，企业需分析自身产品特别选择作为标杆直播的平台。适合于获取流量的“1+N”自媒体矩阵引流平台主要有今日头条、淘宝、快手、一点、网易、腾讯、凤凰、360、趣头条等，而适合于做流量池的“1+N”自媒体矩阵引流平台主要是微信公众号。

直播活动的策划也很重要，主要由六部分内容组成：确定直播主题、时间和地点；直播前物资工作准备；直播内容和流程；直播执行团队组成分工；直播活动费用预算；直播总结及复盘、反馈。

“1+N”直播模式的诞生及流行，意味着企业营销将不再限于直播平台对其行业的外部赋能，而是企业主动选择将数字化的流量通路纳入企业生产、库存、销售的经营体系，转化为企业高效运转流程中的重要环节。因此，对业务受阻急需突破困境的企业来说，直播带货是不容错过的风口，需要及时把握！

第 5 章

找好直播平台：认清几大带货平台的定位和特点

2020年开始，直播带货成为各大电商的重点营销渠道，也成为各个品牌营销策略中不可缺少的一环。目前电商市场上的主要直播平台有哪些？这些平台又有哪些特点？作为主播我们又该如何选择？在本章中，我们将重点为读者朋友们做一次全面的分析。

淘宝直播：直播带货的发源地

毫无疑问，直播带货潮流的发源地是淘宝平台。淘宝直播功能于2016年4月正式发布，在斗鱼、虎牙、熊猫等互动娱乐平台的挤压下，仅以带货为主流内容输出的淘宝尽管拥有众多用户，但在开放直播功能的初期，观看直播的用户积累得相当缓慢，无法与秀场、泛娱乐、游戏等直播内容形成强有力的竞争。直到2019年2月，淘宝推出单独的直播入口（淘宝直播APP），将入口从手机淘宝APP中的第四屏转移到第一屏，并加大了对淘宝直播的主播流量扶持力度，这才让淘宝直播真正被广大互联网用户所熟知，并在短期内获取到大量主播以及用户。

2019年“双11”，淘宝直播GMV（成交总额）近200亿元，某头部主播在这天的成交额已经达到了惊人的27亿元，打破了其前一年“双11”购物狂欢节创下的3.3亿元的销售纪录。在淘宝的官方流量扶持下，淘宝主播的业绩爆发式增长。

表5-1 淘宝直播发展历程

时间	事件
2016年4月	• 推出淘宝直播：“让达人来直播”的电商新尝试
2017年2月	• 淘宝直播与天猫直播合并：“内容+流量+玩法”全面升级

续前表

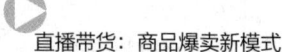

时间	事件
2018年4月	·提出双百战略：培养100个月入100万的带货主播
2018年11月	·直播带货在内容生态中占比达新高：单人创下“双11”全天3.3亿元的销售成绩
2019年2月	·推出淘宝直播APP：电商直播战略位置进一步提升
2019年7月	·发布启明星计划：“100+”明星入驻淘宝直播
2019年11月	·“双11”购物狂欢节当天直播带货带动交易额近200亿

淘宝直播最大的带货品类是服装，其次是美妆，然后是母婴、美食、珠宝等产品。淘宝直播的主流用户群普遍是一些三四线城市有一定消费能力的女性，年龄一般不会太大，学生党和职场白领都有。在这些地区，很多年龄在 22~28 岁的单身女性看到价格实惠的商品就会直接下单。

淘宝直播平台特点

缩短电商转化路径，提高转化率

内容直播丰富，消费者每日可观看直播内容超15万小时

用户情况

用户购物目的性强

核心用户黏性高，在淘宝直播日均停留时长超1小时

图5-1　淘宝直播平台特点及用户情况

在流量分发上，2020 年淘宝将 70% 的流量引导到淘宝直播这块，并在微淘板块，直接推荐“正在直播”的常访问店铺。

在主播培养上，淘宝为商家、主播、机构提供专门的培训和激励机制。

淘宝直播板块业务总经理薛思源曾对外表示，要把淘宝直播打造成一个基于数字化建设的商家必备工具。

对于品牌方来说，淘宝直播平台最大的优势是用户基数大，本身就是庞大的公域流量池；平台的服务齐全，以旗舰店的身份出现用户信任度更高，且变现通路完全打通；淘宝未来的发展方向已经明确将工作重点放在扶持淘宝主播身上，若是新人主播能够搞定商品供应链，那么在淘宝平台进行直播将是一个不错的选择。

抖音直播：女性消费群体引领抖音电商未来

2020 年，抖音开始在直播带货这块重点发力，先是不惜花费重金高调签约罗永浩，为直播带货造势，随后相继推出“种子计划”“奇妙好物节”等电商活动，并邀请多位名人加入抖音直播带货。

对比其他电商平台，抖音在直播带货这个领域涉足较晚，目前能够撑起销售额的似乎也只有美妆一个品类。这并不能怪抖音反应慢，毕竟此前“今日头条”没有接触过电商业务，公司管理层不大熟悉电商的导流机制，在数据、运营等方面考虑和筹备的时间久一些，因此错过了做直播带货业务的最佳时机。不过作为国内日活跃用户量最多的平台，拥有海量用户的抖音未必不能实现“弹射起步”，在销售额上赶超其他电商平台。

抖音的用户画像是非常适合做直播带货的，为什么这么说？因为根据 2020 年 4 月份由 QuestMobile 发布的《2020 中国移动互联网春季大报告》，经常使用抖音的用户中有 57% 的女性用户，其中又以 19 至 24 岁年龄段最多，约占女性用户数量的一半。

众所周知，女性，尤其是年轻女性在观看带货直播时非常容易产生冲动消费的情绪，有时仅仅因为主播的一句“买买买，过了这村就没这店”的催单说辞就会忍不住付款下单。甚至于前几年网上流行的一张市场价值图也将少女排在了首位（如图 5–2）。

图 5–2　市场价值排列图

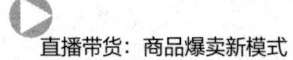

通过上图我们可以看到，在消费群体中，少女的消费能力或者说消费需求是要大于其他群体的，而排在最末端的男性群体的市场价值甚至不如宠物用品，由此可见，整个电商市场还是要靠女性消费者来驱动，因此抖音用户中数量居多的年轻女性群体，为抖音日后培育直播带货业务提供了坚实基础。

抖音拥有目前国内最大的流量池，同时还是消费能力突出的优质流量，对于跃跃欲试的个人主播而言，抖音是可以一试的，尤其是做女装、美妆等女性用品的主播。

在流量分发逻辑上，抖音采用流量集中算法分发，好的内容更容易制造爆款，“粉丝”获取效率高、增长快，种种好处也是非常适合新人入驻的。

另外，在电商交易流程的打造上，抖音也在 2019 年上线了自己产品——“鲁班电商”，试图通过“鲁班平台”限制风头正劲的淘宝、拼多多以及京东等电商平台。抖音企图在交易流程上打造属于“今日头条”专属的闭环，虽然就目前来看“鲁班平台”还处于不温不火的状态，在抖音做的带货直播，大部分仍是被导流到淘宝、天猫、京东等第三方平台成交，但至少我们可以看出抖音运营团队对于做好直播带货业务的野望与决心。

不过决心归决心，相比于其他纯电商平台，抖音的平台属性依旧决定了它开展直播带货业务具有很大缺点。因为对于绝大多数用户来说，抖音的定位仍然是娱乐平台，经常使用抖音 APP 观看直播的用户可能从未或者很少看直播带货。未来抖音在直播带货业务如何推广及引导用户观看的问题上需要着重处理。

另外抖音直播带货对于品牌来说，也呈现出一些问题，比如抖音流量难以私有化，不支持直接分享到微信，同时对微信二维码也有一定的限制等，整体环境并不如淘宝开放。如果未来没有丝毫改变，也很难吸引品牌商、供应商主动与抖音主播寻求合作。长此以往，对抖音平台直播带货业务的发展将十分不利。

快手直播："老铁文化"既是基石也是羁绊

快手从 2017 年开始做直播，走"打赏 + 带货"两条路，虽然起步比淘宝晚，但起量却比淘宝快了很多。

快手直播带货的一大特点就是主播们扎堆砍价，让观众以为砍价砍到底了，从而带动销售。这种砍价模式，是很多年前在乡镇市集上的套路，被搬到快手上，演绎得淋漓尽致百转千回。

与抖音相比，快手做得比较好的一点就是，快手平台并不忌讳网红把流量"私有化"，例如导向自己的微信群、微博账号。这种"放养"态度，使得快手在直播带货的前期发展中快速聚集起了一支庞大的主播队伍。

快手平台官方管理运营团队基本遵循着"用户至上"的原则，在内容、社交以及技术层面，都给予用户（主播）最大限度的自由。

在用户定位上，快手下沉用户最为显著，三四线用户占比较高，带货商品偏好食品饮料、居家日用等大众品牌。我们都知道，快手主打"老铁经济"。其中"小镇中青年"对快手电商 GMV 的贡献是最大的。对于面向小镇中青年的垂直网红来说，快手直播是个绝妙的流量变现场所：平台管得少，卖货短平快，用户多样化，什么货都有人买。

在商品呈现上，快手有两种形式，一是搭建如"快手小店"的自有电商平台，利用自有流量进行变现；二是接入淘宝、天猫、有赞、京东、拼多多等第三方平台，整个平台用户对电商的接受度较高。

内容层面

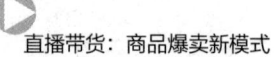

丰富的直播内容影响用户的决策场景。快手“简单粗暴”地直接展示产品特点，场景更加日常化，背靠巨大的下沉市场，坚定走“亲民”化路线，也导致大众对于快手的印象始终停留在“接地气上”。

社交层面

快手的“老铁经济”繁荣发展。快手精准的推送算法和针对性内容分发的算法逻辑，让快手的黏性更加牢固，“粉丝”基础也较其他平台而言更加宽泛和可靠。

技术层面

当前，“AI+社交”是快手营销平台布局的核心。快手自主研发了一套商业化机制——AI用户体验量化体系，并设定了一系列指标来精确衡量每条商业内容给用户带来的个性化价值。通过这套机制，快手不断优化商业内容，提升用户体验，实现二者的共生共赢。

图5-3　快手平台运营思路的三个层面

在平台运营算法机制上，快手与主打泛娱乐内容的抖音稍有不同，快手更偏重社交，并形成了平台独特的“老铁文化”和“老铁经济”。也就是说“粉丝”对主播的忠诚度更高，这种高黏性的“粉丝经济”可以提供更好的品牌带货、流量变现机会。

如果销售的商品是地方特产，那么主播可以选择入驻快手平台。或者利用快手不忌讳流量私有化的平台特点，在快手上建个小号，为自己打造“1+N”矩阵。

快手的优点不少，但缺点也很明显，用户人群定位决定了快手带货的客单价较低，高端消费能力较差，且“老铁经济”的形成也导致快手直播的“粉丝”来源于私域流量，要想带货有效果，有时对“粉丝”基数也有一定的要求。

拼多多直播：裂变 + 电商社交，帮助主播快速引流

2019 年 11 月 27 日，拼多多在百亿补贴专场，首次上线了直播卖货功能。在经过两个月的测试和优化后，拼多多方面宣布“多多直播”正式上线，向全部用户开放，用户可在个人中心找到多多直播开启直播模式，直播间可以开启打赏收益，并且可以添加商品，支持多多进宝推广平台接入。

根据拼多多官方团队的说法，多多直播是开放给有带货能力或潜力的合作方的营销工具，以提升合作方用户黏性和流量转化效率，只要是拼多多的用户都可以尝试开直播带货。

拼多多直播成为主播的门槛非常低，低到什么程度呢？只要不是以游客身份访问的账号都可以通过在拼多多 APP 的“个人中心”，点击自己头像，进入“我的资料”，在下方找到“多多直播”，点进去开通直播。即便是新账号，也可以很轻松地在拼多多平台开通直播权限。

众所周知，拼多多是社交电商起家。而多多直播也在很大程度上继承了社交裂变的玩法，主播可以通过现金红包吸引 + 关注 + 分享好友助力的形式进行引流。相比于抖音的“dou+”动辄成百上千的付费推广服务，拼多多这种让个人主播发放红包的方式显然更加经济实惠，且效果更好，即便是发放 5 块钱的红包，也能为店铺带来至少十个以上的用户关注，对新主播来说，这种推广方式非常划算。

不过作为纯电商平台，拼多多官方团队对于限制直播的类目有自己的考量，一些在其他平台可以销售的商品，到了拼多多这里却成了违规商品（详情见表 5–2），因此在开播前，主播需对此有相应了解。

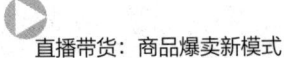

表5-2　多多直播限制直播类目一览表

限制直播的店铺类目	限制直播的商品类目
器械保健	宗教用品
成人用品	古董/邮币/字画/收藏
烟品/打火机/瑞士军刀	其他收藏品
网络服务/软件	商业/办公家具
旅游路线/商品/服务	医疗家具
影视/会员/腾讯QQ专区	家庭保健
生活缴费	农用物资
电影/演出/体育赛事	农机/农具/农膜
景点门票/周边游	农药
购物卡/礼品卡/代金券	本地化生活服务
医疗健康服务	休闲娱乐
隐形眼镜/护理液	室内休闲玩乐
OTC药品	汽车服务
精致中药材	KTV
处方药	酒吧/俱乐部/私人会所/足浴/洗浴/按摩
	其他休闲娱乐

小红书直播：同质化竞争，差异化破局

2020 年年初，小红书直播业务开始内测，对所有参加内测的主播进行统计分析后，小红书运营团队得出一个结论：小红书直播交易总量虽然不大，但却呈现

出转化率高、客单价高的特点。

对比淘宝直播、拼多多直播等平台，小红书直播的社交属性更强。小红书的直播并非纯电商平台那种类似电视导购的升级，而是回归直播原本的内容、IP 原则。

当前，个人主播在小红书直播的盈利模式有以下两种：第一种，与品牌商达成合作（个人主播）；第二种，引流变现（微商、网店）。绝大多数的小红书主播都会选择与品牌商进行合作。不同于抖音、拼多多的无条件开播，在小红书想要开通直播权限则需要主播账号拥有 5000 名“粉丝”，当达到条件的博主开通直播间后，会陆续有商家或媒介通过邮箱主动联系主播。

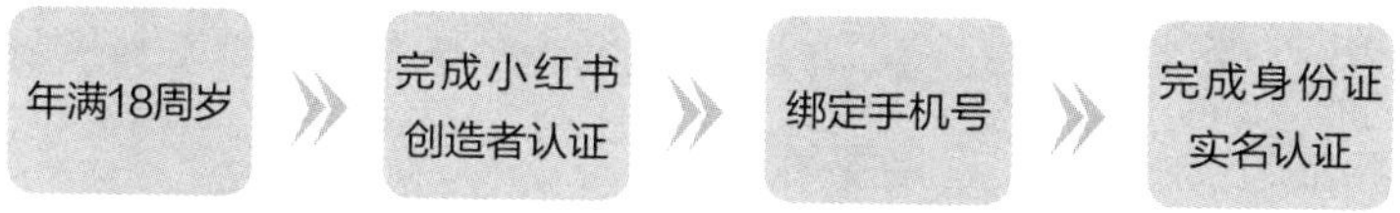

图 5-4　开通小红书直播条件

备注：小红书创作者需要保证“粉丝”大于等于5000，近半年内共10篇单篇笔记阅读量超2000，及实名认证。

账号达到开播条件后登录并打开小红书 APP，点“我”—左上角“三”—往下滑后可以看到“设置”；点击设置，会看到“功能申请”；点击“功能申请”—看到“开通直播”并点击；随后会进入审核阶段，一旦审核通过，即开通小红书直播。审核时长不算太久，只需要一个工作日。

当主播开通直播并成为品牌合作人之后，也可以选择与一些 MCN 机构签约，如果能够签约，则后续的品牌合作单子会多一些。不过需要注意的是，MCN 会抽取一部分费用，并且会有一些条条框框的规则限制，通常来讲，兼职主播一般都不会选择跟 MCN 签约。如此一来，主播只能靠自己单打独斗了，如果没有品牌合作，那么在小红书做直播就没有收入。

小红书是一片新的流量蓝海，为什么这么说呢？因为小红书平台与其他电商平台相比具有明显的差异性，小红书是一个非常好的“种草”平台。目前，各大电商平台在做直播这块运用的方法都大同小异，内容上的同质化在未来会导致用户产生审美疲惫感。但小红书却是直播带货领域里的一股“清流”，它所主打的“种草笔记”+“直播销售”的形式，会让用户更加清晰地了解商品属性并被撰写笔记的主播顺利种草。

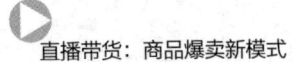

不少使用小红书 APP 的女性用户，会不断翻看自己所关注的主播的主页，但凡是自己关注的主播发布的商品都会捧场，包括美妆、衣服饰品，甚至是一些美容类的仪器，即便这些仪器自己一年也用不上几回，但就是忍不住要买。

这种“疯狂买买买”的现象也正是很多人下定决心去做小红书的原因，因为小红书平台的种草属性和带货能力真的较强。而且小红书的内容形式更贴近生活场景，它里面会有一些好物推荐，会有单品的物品名册，最主要的是用户也爱看这些，这些都为小红书平台在增强用户黏性上立下了汗马功劳。

另外，与其他电商平台相比，小红书平台具有一个非常重要的特点，那就是女性用户占比非常高，达到了惊人的 9：1，其中 52% 女性用户小于 22 岁。在前面章节中，我们曾介绍过女性群体的市场价值和消费能力都是非常大的。而小红书平台具有这样的优势，平台发展前景无疑也是巨大的。如果主播的销售方向是女性商品，那么只要能做足前期的准备工作，累积“粉丝”达到 5000 人，小红书平台是一个非常不错的选择。

京东直播：后来者居上

2020 年“6·18”狂欢购物节期间，电商直播成为各平台激战焦点。作为较早一批发力电商直播的平台，淘宝、抖音和快手，在“6·18”购物节对电商直播的加码力度有目共睹。同时，相对低调的京东直播也已经创下相当强悍的电商直播成绩。

在“6·18”前夕，由央视知名主持人组成的“主持人天团”，在短短三个小时的京东直播带货中，就创造了13.9亿元的惊人带货成绩。此前在5月中旬，格力电器的董事长董明珠女士则在京东直播的首秀中也创下了7个亿的带货成绩。

从这些带货成绩看，在电商直播这条赛道上，后来者京东直播正在快速实现弯道超车。

2019年年末，京东正式开始发力直播业务，宣布投入亿级资源扶持，在引流、营销等方面服务于有电商直播需求的商家，并推出多个计划扶持直播机构，以及鼓励腰部和长尾商家开播。

2020年5月末，京东与快手达成合作，于6月15日共同宣布启动“双百亿计划”，并在6月16日举办了首场大型落地活动——京东快手品质购物专场。

“双百亿计划”是京东和快手深度合作的首个落地项目，京东为购物专场提供手机、数码等优势品类商品，并给予热门商品“史上最大补贴”力度加持。而快手方面则有众多主播加持，同时快手也在进行额外补贴，与京东的补贴形成双叠加。

在补贴力度和宣传广度上，京东并不输于其他几家头部电商平台，虽为后来者，可京东直播仅用半年时间便取得了惊人的成绩。无论“6·18”的带货成绩，还是和快手在电商直播形态上的尝试，都证明京东直播已成功异军突起。

从平台发展前景考量，京东直播平台在建立不到一年的时间里所展现出的蓬勃发展的迹象表明，京东直播平台的冲劲不亚于任何一个竞争对手，这与当年京东自建物流体系和客服体系如出一辙。尽管需要京东投入大量资源，需要面对行业其他竞争对手的挤压，但京东在一套完整方法论的基础上，还是有能力向头部位置发起挑战和冲击的。

从发展直播业务来看，京东的目标也绝不仅仅只求做好自身平台的GMV成绩，而是在不断寻求外部合作，联手打造模块化的输出能力，赋能外部一切有需求的角色，与快手的合作就是一个起点。

在达人生态圈层建设方面，京东直播在整合明星资源上不断发力，强化每个直播间的品牌人格化塑造。2020年9月，知名跳高运动员张国伟作为“京东秒杀首席省钱官”入驻京东直播，当天以“省省吧，国伟”为主题，举办了专场直播带货。在有特色的名人直播上，京东频频发力，以与明星艺人长线合作为基础，为直播间和直播品牌进行人格化赋能，引领直播从“带货场”向“营销场”的转变。

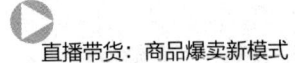

在基建赋能方面，京东直播将持续推进商家开播的继续渗透，使之成为商家的标配。为提升品牌、商家开播率，京东直播投入了大量的资源和优惠政策，如营销赛马活动、全年所有 POP 商家全品类降扣让利等，并且通过开放全域流量，为商家提供更多的营销场景，共建直播的“流量场”。

在电商直播内容品质化上，京东直播将更多内容规律沉淀于电商直播，让其不断回归品质化内容属性。为用户创造更有场景化、更为沉浸式的内容体验，形成自然而然的转化，以“专业性 + 大众性 + 趣味性”，收获“品 + 效 + 销”合一的直播效果。

可以预见的是，聚焦于电商直播新生态的京东直播，未来将会以更多创新性的方式，刷新电商直播的历史。而作为主播，尤其是新人主播，若是没有信心在老牌电商平台与那些已经成名多时的大主播同台竞技，那么在京东这个新平台上大展拳脚也是一种不错的选择。

微信直播：MAU（月活跃用户数量）超 12 亿，国内最大流量池

2020 年 5 月 13 日，腾讯发布 2020 年第一季度财报。报告显示，微信月活用户突破 12 亿，这是目前国内最大的流量池，理论上，每个主播都可以通过自己微信里现有的好友和群好友，来链接这 12 亿名用户。

当前，微信软件本身并没有实现全民直播的功能，但是通过微信公众号，我们能够借助第三方工具进行视频直播功能的搭建，并通过 H5、小程序、菜单链接跳转的形式进行画面同步直播。其中小程序是最稳定的视频直播方式之一。微信

小程序是一种不需要下载安装即可使用的应用，它实现了应用“触手可及”的梦想，用户扫一扫或搜一下即可打开应用。

在商业变现上，小程序是个人主播、微商、品牌商、网红带货达人可以最大化融入微信社交和内容生态的工具。它所有访问、互动、交易均在小程序中完成，无须跳转其他 APP 或商城，最大限度减少了流失率；还有点赞、抽奖、评论、优惠券派发等功能，用于活跃用户；如果品牌已经有小程序用户基础了，那么在小程序中做直播可以极大地转化用户。

在直播权限上，通过公众号进行直播并不像某些平台那样需要提前申请，主播可以随时随地开启或关闭直播。

在传播上，订阅了活动的用户，还将会收到开播提醒，用户点击一下就可以直接进入直播间；直播过程中还能鼓励用户转发直播链接给好友、微信群进行二次传播，达到引流效果。

在留存上，直播所带来的流量，会全部沉淀在小程序中，可用于后期运营。

轻便是小程序最主要的优势之一。以往，人们想要观看直播必须通过 APP 入口进入直播间，用户需要将 APP 下载并安装到手机上才能使用，这即增加了观看直播过程的麻烦性和不必要性，同时还会占用一定的手机内存，实际用户体验并不良好。

而小程序针对这一问题，进行了完美的优化。例如知识付费的传播，在小程序诞生之前可能我们需要下载某一平台的 APP 才能进行订阅观看，但现在在小程序的帮助之下，我们可以直接完成以往在 APP 上才能实现的功能需求，使操作变得更加的轻松方便。

除已经开通的公众号直播功能以外，微信在 2020 年 8 月悄悄地推出了“群直播”的功能，在“Version7.0.18”中，以及群聊场景中点击聊天对话框“+”，下方菜单栏会出现“群直播”入口。不过，目前该功能正处于灰度内测中。

微信新推出的“群直播”支持和群内其他成员实时视频。直播发起后，会自动在群中发出直播链接，并在群聊顶部显示“群里共 ××（开播场数）场直播”。在目前内测环境下，“群直播”功能并不支持转发，至于未来正式上线的时候是否更改还不好说。不过可以确定的是，群内任何人均可发起直播，群成员可自行观看其中任意一场直播。微信群直播支持连麦、评论和点赞等功能。而在一场直播结束后，主播界面会显示直播的观众数、评论数和点赞数。

需要注意的是，聊天对话框中的“群直播”并不是此前企业微信上线的群直播，而是针对个人的直播，微信用户人人都可以参与。其实，早在2020年2月，微信聊天对话框中曾短暂的出现过“上课直播”和“健康收集”两个限时推广入口。

当时微信官方团队回应称，“为方便学生群体线上学习，疫情期间我们支持在微信群中使用企业微信的上课直播与健康收集功能。目前被灰度的用户可在微信群下方功能菜单中，链接使用这两个功能。”

2020年，微信主推的是教育场景“上课直播”。而在8月推出的“群直播”，使用人群范围变得更大了，从企业微信群直播，到微信人人都可以开播。群直播场景也不止于教育场景，直播电商、团购，甚至相亲都可以在群直播中轻松实现。

近两年来，短视频和直播是微信主推的两大内容生态，而最终的落点都落在了“每一个个体”上。视频号是一个“人人都可以创作”的载体；微信小商店则降低了开店的门槛，支持个人开店；群直播似乎也沿用了类似的思路，在即将到来的全民直播的时代，人人都可以直播带货。

第 6 章

增强影响力：
如何快速“吸粉”和推广宣传

引流和“吸粉”是新人主播进阶“网红UP主”道路上必不可少的一个环节，每个稍有名气的带货达人都清楚流量的重要性。无论你入驻哪个平台，销售何种商品，其前提都需要有相应的人群关注，因此带货主播除了要做直播内容，还要学会为自己推广代言。

流量是一切生意的本质

“引流”这个词听上去很高大上，但引流的核心却很好理解——分析自己的优势在哪里，然后在平台上通过直播的方式输出内容，只要你做的直播内容有价值，就会吸引更多的人关注你。简单来说，所谓引流就是让更多的隐性顾客知道我们的产品。

引流并没有人们想象中的那么难，有些带货主播每天都会抽出一点时间去各大论坛、贴吧给自己打广告，并贴上自己的直播间链接。这种方法看似很“蠢”，但长期坚持下去却能取得一定的效果，而且这种引流的方式是完全免费的。作为新人主播，能否在短期内吸引大量的用户驻足观看，其直播内容和带货品类固然占一部分因素，更主要的是你愿不愿意花费更多的时间和心思去做运营。直播带货行业，谁能解决流量用户的问题，谁才有资格站在金字塔的顶端。

除了上述在站外发作品的方法外，我们也可以通过一些小技巧在站内引流。假如你对美妆有着充分的兴趣和技术，那么你完全可以将账号由内而外地进行包装设计，将账号打造成专业的传播美妆知识的账号，账号名字、头像、个性签名都设置好以后，在直播时做一些垂直类的美妆内容。直播内容也不用很复杂，只需要分享一些自己的美妆技巧和护肤小窍门即可，只要你的直播内容质量高于同领域的一部分主播，你就能受到用户的关注，并且这些“粉丝”多数还都是精准用户。

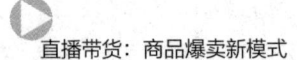

我们要明白一点，多数人的行为都不是无意义的，用户选择点击关注一个人成为他的“粉丝”，必然与其自身需求具有一定联系。作为带货主播，要弄清楚为什么“粉丝”会关注你的账号，你能对那些喜欢你作品的“粉丝”提供什么“服务”或者“帮助”。有些主播天真地认为，只要坚持做好内容，其他的都交给“天意”了，这种想法并不可取。既然下定了决心做直播，引流也一定要做好。

就像上文提到的做美妆领域，能够关注这个领域的用户一定是对这方面感兴趣或者说有需求的，可以肯定的是，有些“粉丝”会直接通过弹幕询问主播使用的护肤品是什么品牌的，或是提出一些其他的问题。那么作为美妆主播，在直播时要跟对方进行互动，给予对方一些实用的小建议，或者当有人提出不会使用口红、眼线笔等化妆品的时候，在直播时立即进行解惑。千万不要小看这些细节，当你真的开始努力与“粉丝”进行交流互动的时候，你会发现你所做的这些努力都能起到引流和增加用户黏性的作用。

通常情况下，引流的过程都是缓慢的，你不能奢望效果立竿见影，要做好长期沉淀和积累的准备。同时，引流不能哄骗，要站在实事求是的角度与“粉丝”进行沟通，只有这样，“粉丝”才能对你产生好感和依赖，视你为偶像。

以直播的方式进行带货，不单单要以直播间的打造为核心，更要明白流量对于主播的重要性，不断使用营销方式提高用户的留存率，将每个用户的价值深度挖掘，这才是新人主播所要学习和具备的能力。

要有非常鲜明的标签

对于绝大多数的用户而言，他们愿意花时间看各种带货直播，其主要目的是消磨时间和用最低廉的价格购买心仪的商品，因而用户中大多数人恐怕并不想花费自己过多的宝贵时间和大脑细胞来研究一个主播到底是什么样的人。作为主播，你要想让用户快速熟悉你，最好的方式就是学超市那样，给你自己身上贴上“标签”。

互联网时代，标签是熟悉一个人最快捷的方式。换而言之，你对众人展示的人设，其实就是你为自己贴上的标签。这种能够透露你人设的标签并不是你在直播时大肆跟别人宣传，自己是怎样怎样的主播，请大家关注自己，而是通过“直播内容＋带货品类”呈现出来的。并且，这种标签需要具备一定的传播度并符合自身定位。

如果你想一直展示、传播你身上的标签，那么这些标签就不能只在一段时间内宣传，而是需要出现在几乎所有的带货直播里，因为这样，用户可以对你形成一个固有的标签（人设）印象。

我们每个人身上其实都有标签，而这个标签也可以被称为“个人 IP”，在抖音，一个带货主播的商业价值有多大，能否在直播圈一呼百应，就看这个主播的“个人 IP”可以受到多少“粉丝”追捧。

纵观各平台，我们可以发现，那些“粉丝”超过 20 万的精英主播，往往都会在直播间里给自己贴上一个标签，打造个人 IP 其实就是要找身上最容易让人记住的标签，个人 IP 塑造得好，不管是引流，还是盈利都能取得事半功倍的效果。

想做好直播带货，为自己设置标签是每一位新人主播的必修课，因为它代表着策划、拍摄、演员等工作成果，更直接影响曝光量、观看量等数据。在实际操作积累过程中，我们可以从以下三个方面入手。

积极发现

知道什么样的标签是好的标签。从用户角度来说，有好奇和浏览欲望的主播标签即为好的标签。从运营角度来说，数据呈现播放量高的标签即为好标签。这些需要玩家们重点学习。

学习模仿

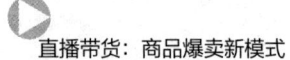

模仿并不是去生搬硬套那些优秀主播的标签，而是“像素级”的深度学习，即结合自己直播风格、带货品类、个人性格等实际情况按照优秀标签的内涵进行模仿，有一定经验后可以尝试几个标签的精华综合在一起形成自己的专属风格。

直播实践

利用抖音、快手、微博、今日头条等渠道进行实际发布，测试相关内容对用户的吸引力并进行总结优化。

对主播而言，一个优质的人设标签即是一家店的门面，足够有特点才能吸引用户推开门走入其中，看看店内贩卖的商品。比如说，你是一个年近 30 岁的职场人，闲暇时做主播带货赚个零花钱，那么你完全可以结合自身的优势，在直播中插入一些职场经营、管理心得、口才教学等方面的内容。与直播间的观众分享如何在职场快速做到升职加薪，又或者你可以把自己的人设打造成金牌 HR，通过直播传递如何识人用人的经验。末了，通过话术将直播间里的观众往自己的产品上引——职场正装、职场领带，甚至是职场香水都可以引起观众们的购买欲。

需要注意的是，无论你打造何种标签人设，一旦敲定好之后，在往后的作品中就要沿着这个标签进行全方位地塑造自己，让自己成为在这个领域的顶级专家或“牛人”，你的个人 IP 自然会随着你的“人设”成功而起到提升个人影响力，例如靠直播卖口红的主播那么多，但是一提“口红一哥”，人们立即就能对号入座。

当然，所有的标签都不是凭空想象出来的，而是应该从自身出发，基于自身已有的特质去做精选。可以是外表，可以是性格，还可以是特长，只要标签具有差异化的特点，主播都可以考虑贴在自己身上。

"吸粉"最佳工具——内容有创意

直播带货是未来的一个大的趋势，可遗憾的是，目前大部分主播都将目光聚焦在带货上，仿佛带货成了直播营销的唯一方式和目的，从而忽略了做有趣的内容。事实上，直播内容的质量在很大程度上决定着主播的未来发展。从长远来看，只有优质的内容与有吸引力的商品相结合，才能长期高效地触达目标用户群体，完成对用户群体的营销和转化，同时促进主播人气的增长。

从 2018 年淘宝开启直播带货元年开始到现在，可以说无论个人主播还是企业品牌方全面拥抱直播带货的时间都不长，不过在这段时间中，也涌现了一些典型模式，身为带货主播，如果能将这些模式总结、吸收和应用，或许能在未来做好更长期的直播带货。

2020 年 4 月中旬，新英菲尼迪 QX50 在抖音进行云发布会直播，品牌代言人张若昀作为嘉宾出席现场与"粉丝"们见面，整场直播采用了"Battle Show"（战斗表演）的模式，做了一次"闯关答题"的综艺，展示了 QX50 的各种技术和配置。这次直播跟带货关系不大，本质上更是一次线上"微综艺"，核心目的就是品牌曝光和跟用户群体互动。

除去五花八门的品牌直播策划，很多个人主播也在创新的道路上越走越远，"壹心娱乐"的创始人在下场做直播前就曾公开表示，自己想做"带着内容的直播"，做真正的分享，剧（音乐剧、话剧、舞台剧等）、综艺、采访……并将这些内容以直播的形式呈现。

能够看得出来，这位创始人想做的不仅仅是直播带货，而是"内容直播"。

随着直播营销逐步深化，内容直播的形式肯定会越来越多。作为主播，我们不能只想着带货，而是要将创意思维带入直播，站在商品营销的层面上去看更远的东西。在这个方面，有过销售经验的人是非常具有优势的，他们日常会做各种各样有创意的事，比如创作故事、制作艺术作品、写段子、做有趣的活动等等，这些思维都可以运用到直播间。

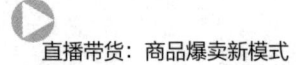

同时，我们也需要明白一点，做创意并不等于做好创意。关键在于一定要给用户有价值的东西，这些东西也许是技能，像美妆博主那样教用户化妆；也许是好的内容，像英菲尼迪那样打造微综艺；也许是难得的福利，像名人在直播间抽取个人签名照……只有主播提供价值，"粉丝"才能获得价值和产生好感，从而达到"粉丝"持续关注和产生消费的目的，这是直播带货中"粉丝"从关注主播到产生消费的路径，要管理好这条路径，主播必须做到创意内容的持续输出以及对于"粉丝"的长期运营。

打造你的私域流量

最近两年，随着直播带货的兴起，"私域流量"这个词也逐渐走入人们的视野。那么什么是私域流量呢？目前业内人士达成的共识是：私域流量是指企业或个人能自主运营，可以反复自由利用，无须付费，又能随时直接接触的流量资源，它属于流量的私有资产。

通俗点讲就是我们可以反复触达、交流并获取反馈的用户。比如说，你想做茶叶类的带货直播，而你在做调研的时候发现中国喝茶的用户已经突破了 5 亿，那么这 5 亿用户组合在一起就是公域流量。理论上，这 5 亿人都有可能成为你的用户，但从现实的角度去看，想要让 5 亿人都成为你的"粉丝"并不现实。或许在你直播带货的第一年，也只有 1000 人通过你的直播购买了你的东西。并且在这 1000 个人中，又有 500 个人主动或被动添加了你的微信，那么我们就可以说，这个 500 个人就是你的私域流量，因为你可以通过微信这个载体，反复对用户进行沟通、交流以及推销。

私域流量虽然是不久前才被提出来的，但是这种思维方式很多年前就有了，只是不同时代连接私域流量的介质不同而已。比如早些年流行一时的“会员制营销”，商家推出的会员卡是会员进行消费时享受优惠政策或特殊待遇的“身份证”，而它的本质就是反复刺激会员进行消费，供商家为自己建立私域流量的圈子。

例如大家都很熟悉的汽车销售大王乔 · 吉拉德，他所保持的世界销售纪录是连续 12 年平均每天销售 6 辆车，他是如何做到的呢？乔 ·吉拉德先是去挖掘一些用户的需求，然后分析了解那些买车的人想要什么。接着他会把客户当朋友，当客户在他这里咨询买车的时候，他会登记联系方式，并经常与那些客户联系，这样客户不仅能够通过他买到合适的车，同时还会得到一些优惠。从这个角度上说，他已经懂得如何打造私域流量了。

而当社会发展到现在，健全的网络社交软件则逐渐成为人们建立私域流量的新介质——“添加微信，好评返现”“添加微信，老客户下次购物 9 折优惠”“扫描二维码进群，群内活动多多”等玩法都是主播、微商建立私域流量的手段。现在很多主播费尽心思也要建立属于自己的私域流量阵地，最主要的原因是公域流量的竞争一天比一天激烈，用户却越来越挑剔，公域流量的红利期即将消失。换句话说就是，转化率越来越低，获客成本越来越高。而这对于很多中小主播来说，这种成本是很难承受的，所以，他们必须开始建立私域流量。

那么，主播如何搭建私域流量池呢？一般都是想方设法为私域流量池引入流量，找到高度集中的潜在用户群体，并让他们成为自己的意向客户，通常来说，引流的方法有以下四种。

社交流量获取

社交流量是通过个人和社交关系进行流量的获取，包括社群运营、导购、社区团购、拼团、微信好友、朋友圈等。其中社群运营通过社群与用户产生链接；导购通过社交与用户在离店后产生链接，进而提升客流转化；社区团购和拼团则通过利益激励和社交传播的方式为品牌带来新的顾客和订单。

线上流量获取

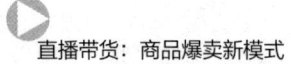

利用网络的实时性、无边界性进行广泛营销传播，包括公众号、微信卡包、服务通知、小程序浮窗等，商户可以通过公众号的内容、微信卡包的卡券投放、服务通知的推送、小程序浮窗等入口触达到用户，与用户产生链接。

线下流量获取

通过线下体验、服务升级延展承接流量转化，或商户通过实体门店、扫码、海报、互动大屏等构建私域流量入口，实现商品与消费者之间数字化的连接。

商业流量获取

通过付费广告、KOL、IP 内容等方式借助商业广告触达更多用户、实现精准化获客，提高获客效率。如公众号、小程序广告通过“LBS+ 社交大数据”精准圈定客群，直击目标客群体；而 KOL 通过对其“粉丝”购买力的影响获取商业流量等。

当主播积累了一定私域流量后，还要考虑如何增强“粉丝”黏性。实际上，流量由“公”到“私”的转变，是主播对用户运营的精细化转变。比如通过持续输出优质的内容对用户进行精细化运营，拉近主播与“粉丝”之间的距离，这称之为“深层次触达用户”，而“圈”住用户，就会为流量变现打下基础。

利用好“裂变”

“裂变”一词常与“核裂变”相结合，但当它与直播引流相结合时，裂变“涨粉”就变得与核裂变一样，具有的威力相当大。裂变是获取用户最快的方式，但是操作难度也比较高，需要主播投入大量的时间和精力。

在互联网行业中，最先提出“裂变”概念的当属“微商”和“公众号”，后来这种引流模式被各大电商平台所认可并加以运用。这其中，拼多多平台将这种裂变玩法发挥到了极致，让很多人真正见识到了裂变营销的巨大力量，同时也让拼多多在不到三年的时间里做到了敲钟上市。

作为带货主播，我们不妨借鉴一下拼多多是如何在短期内通过裂变占据市场的。首先，与传统的老牌电商平台有所不同的是，拼多多从上线之初就一直在强调“拼团”的概念，并且在“拼团”这件事上想出了无数的点子和花样，例如一分钱抽奖团、一元拉新团、助力砍价、团长免单、瓜分红包……这些本质上具备裂变功能的活动被拼多多包装成一个又一个吸引用户的玩法，在引诱用户消费的同时，还在用户中营造出拼多多的社群文化和创造出“砍一刀”“换刀”等平台专属的术语。

一石激起千层浪，拼多多的强势崛起让许多小型电商平台也纷纷玩起了裂变，但没有任何一家电商平台能与“裂变老玩家”拼多多比肩。如今，这种电商领域的经典引流战术也被一些玩家带到了直播带货，一场全新的裂变引流之战在直播业一触即发。

直播带货的裂变玩法与以往的电商裂变大同小异，主要步骤都涉及策划裂变文案、投放裂变诱饵、发放奖励。多数裂变的发起者会以抖音社群为阵地，让更多的用户加入进来，其流程大致如下。

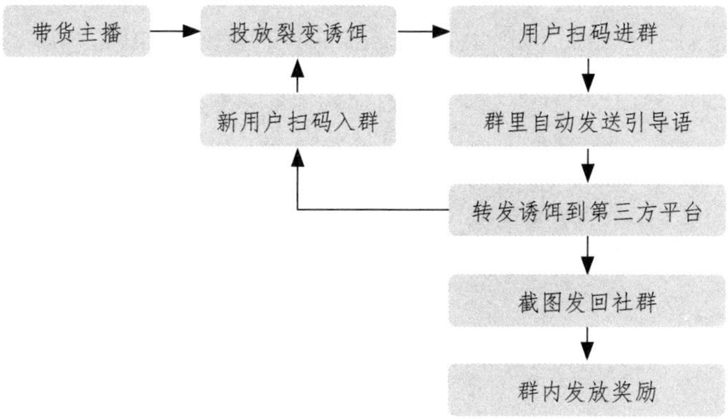

图6-1　带货主播裂变引流流程

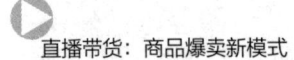

在运用裂变玩法时，也有一些主播会加入一些其他的元素，但整体本质没变，都是通过 1 传 2，2 传 4，4 传 8……这种方式进行扩散与传播，这种裂变方法目前在各个电商平台基本都能看到。

例如，成都市某动物园在抖音做场馆直播时，就向直播间里的观众进行动物园优惠购票活动的讲解，如果是单独购买门票，无论抖音橱窗还是线下售票处的价格都是 40 元一张，但是如果网上搜索动物园的官网，官网的售价仅为 9.9 元，但以这个价购买的前提是需要用户将这个链接分享到微信里，让朋友为自己助力，只有超过 5 人助力，才能享受此优惠活动。一些直播间内成都当地的观众抱着试一试的想法邀请了自己的好友为自己助力，结果真的以不到十元的超低价格购买到了动物园的门票。这笔消费看似划算，但无形之中，自己却成了这个动物园的“隐形推销员”。

在电商领域，每个观看直播的用户都是潜在消费者，同样也都是潜在的产品人，主播只要找对方法，选择自己认为有效的方式进行裂变，绝对能有出乎意料的收获。

当然，好的裂变活动并不是一蹴而就的，而是需要主播不断学习和参考，并通过多次的实践，摸透流程中的每个环节。例如在“投放诱饵”阶段，针对不同人群，运营者应该拿出不同的奖励方案，如果你是美妆带货主播，那么你可以通过“9.9 秒杀价”来吸引用户，当然只有拉新的用户才有资格抢购。或者，如果你觉得奖励方案达不到预期的话，也可以抛出其他的“诱饵”。

不过需要注意一点，直播设置裂变活动奖励要量力而行，在运营初期阶段，并不建议主播掏空自己的钱包来达到裂变的目的，如果可以的话，最好还是送出一些比较容易拿得出手且与自己直播带货品类相关的奖励物品，这不但会降低裂变成本，同时也能起到筛选精准“粉丝”的作用。

要学会巧妙“蹭”热点

热点是指在一定时间内受大家关注的新闻或者信息。它是策划直播内容时很好的参考方向。如果“蹭”热点“蹭”得好，你的直播间就可能会获得大量流量，那么离“上热门”也就不远了。

或许你没看过罗永浩的带货直播，但想必你一定听过“低过老罗”这个梗，因罗永浩在抖音首播时喊出“全网最低价”后，多个电商平台相同产品立刻给出了“低过老罗”的价格，“低过老罗”由此成为 2020 年上半年炙手可热的网络热词。而那些打出“低过老罗”价格的平台也借着这股热点狠狠地大赚了一笔。

在营销领域，想要在海量的竞争对手中顺利突围，要么自己成为热点，要么自己紧跟热点。对于个人主播而言，想要创造热点难如登天，与其将时间浪费在这上面，倒不如想想如何“蹭”热点能够更加引人关注。“蹭”热点也是一种“技术活”，需要讲究一定的方法和技巧。

寻找热点的方法

常规性热点：常规性热点包括国家法定节假日、大型活动赛事。这些热点都是大众熟知的，热点时间相对固定，主播可以提前策划内容。例如每年的端午节、七夕节、中秋节等都是天然的大热点，有很多主播都是在相应的节日前夕推销粽子、情侣礼物、月饼等，且销量很好，因为这些传统节日几乎是覆盖所有国人的，而非淘宝“双 11”、京东“6・18”等电商平台自发宣传推广的平台电商节，节日概念只涉及自家平台的用户。

突发性热点：社会事件、娱乐八卦、直播新闻等不可预见的活动或事情称为突发性热点。一般在微博、各大平台的热搜榜中可以找到。这类热点留给主播创作的时间非常短，需要主播在热点出现的第一时间就了解和跟进！就像前面提到的“低过老罗”，就是在罗永浩首播结束的第二天各大商家集体降价并借着罗永浩自带的热点话题火起来的。

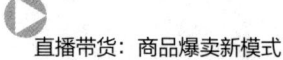

“蹭”热点的技巧

热点要与自身账号定位契合，无论你是“蹭”什么热点，一定要匹配核心热点，寻找最契合账号定位的热点。比如说最近这段时间有关选秀节目的热点很多，恰巧你是做美妆、服装、饰品的主播，那这些热点就可以“蹭”。如果货源“给力”，甚至可以让你打出“××同款”的旗号吸引观众。

“蹭”热点的注意事项

注意时效性：热点的爆发性很强，但同时时效性也很强。如果一个热点已经过去了四五天，那关注的人就会少很多，这时也就没有必要再蹭了。

想要在直播中做有关社会热点的内容，必须做到一个字——“快”，只有当事件发生的第一时间去了解事件的起因、经过以及所造成的社会影响，我们才能更好地抓住事件的核心，提取事件的关键点，为人们呈现出相关的事件进展和客观分析，并附带上自己能够“蹭”上热点的商品，这些贴合现实生活热点的商品往往是消费者所关注的。

注意热点的导向性

俗话说得好：“病从口入，祸从口出”，很多社会上发生的热点其实都是一把“双刃剑”，用得好，你的直播内容可以得到更多人的关注；用不好，你的账号可能会面临封禁。在“蹭”热点时，主播一定要保持理智，不要什么热点都“蹭”。涉及国家法律法规、社会道德伦理、民族利益的内容千万不要去碰。

做好“粉丝”维护

很多新人主播经常会感叹的一个问题是自己要怎样才能成为大主播。事实上，得到万千“粉丝”簇拥的前提，是每位主播要维护好与“粉丝”的关系，这是主播需要学习的地方。

当主播通过各种方式（微信、论坛、短信等）将“粉丝”汇聚到一起后，不能放任不管。不做维护，“粉丝”就会流失，也就代表着之前的所有努力都是无用功。但维护与“粉丝”之间的关系也并不是每天 24 小时不间断地在社交软件上交流，要知道这种长时间的“陪聊”不但会占用主播的大量时间，扰乱主播的生活节奏，还会让“粉丝”习惯于在聊天软件上聊天。因此正确的做法是通过话术、设置奖励将“粉丝”引导到自己的直播间，哪怕这些人什么都不买，但是他们在直播间里发送的每条弹幕都会为主播带来实时热度，让直播间看着不那么冷清。

身为主播，我们不仅要在直播间里保持自己的“人设”，下播之后也要时刻注意自己的形象，尤其是注意在与“粉丝”经常交流的社交平台上（如微博、微信等，发布负能量的内容，更不能说带有辱骂性质的言语，否则，这会令“粉丝”感到厌烦。

除此之外，主播也不能对“粉丝”发脾气或存在任何看不起“粉丝”的行为，要知道水能载舟亦能覆舟，衡量一个主播能在直播带货这条道路上走多远的最重要因素就是“粉丝”，如果主播总是对“粉丝”“呼来喝去”，不但会降低带货销量，更会影响自己的声誉。聪明的主播要知道有形的资源总是有限的，而无形的资源却可以取之不尽、用之不竭，因此在维护“粉丝”和自己的名誉上，他们做得比其他主播要好。而维护“粉丝”的工作具体落实到行动上有以下三点。

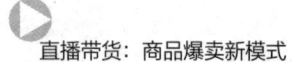

将“粉丝”分类

做过直播带货的朋友都知道，“粉丝”有很多种类型，例如不问价格总是“买买买”的“豪气粉”、经常复购的“铁杆粉丝”、偶尔买一两件的“吃瓜群众粉”等，不同类型的“粉丝”有不同的维护方法，这个需要主播视具体情况而定。

替粉丝着想

作为主播，我们不能只是一味地索取，而要真心为“粉丝”着想，让“粉丝”获得利益。比如，很多主播都会在直播间定期发放红包福利，或者自己免费帮商家做推广，只为将商品价格压到市场最低价；或者当“粉丝”对购买到的商品感到不满意时，主播也会主动站出来帮助“粉丝”联系品牌商退货。只有做到将心比心，才能在行业中脱颖而出。

经营朋友圈

朋友圈是一定要经营的，除去发布一些产品外，主播也可以在朋友圈多发一些正能量的励志名言和自拍。这种偶尔“刷存在感”的行为会加深“粉丝”对你的印象。

既然选择成为主播，那么你面对“粉丝”时做出了怎么样的选择，都将成就日后怎样的你。与其抱怨销量不好，不如用自己的努力，争取更多的美好和幸运。毕竟要做的是事业，是和同行较量，是与行业赛跑。主播只有在平凡中活出精彩，才能在精彩中获取收益。

第 7 章

直播货品选择：挑选最适合自己的商品

直播带货，主播是“工具人”，商品才是“主角”，一场成功的直播带货是需要提前进行策划和准备的。而直播选品就是其中很重要的一环，它几乎是可以决定商家是否盈利的最核心指标，没有之一。那么，应该要从哪些方面入手，才能选出最适合自己直播间的商品呢？本章，我们将从选品的禁忌、直播售卖属性、商品性价比等几个方面来讲讲直播带货究竟应该怎样选品。

不要接触自己完全不熟悉的商品

近两年来，从“网红”带货到明星带货，从日常用品到火箭房产，直播带货的势头难以抵挡。但行业发展得越快，也就预示着面临的问题越多。在直播带货火遍全网的同时，主播在直播中“大型翻车”的新闻也逐渐登上了热搜榜。

主播带货“翻车”的原因有很多,但最大的原因还是在于自身选品有误。以李佳琦的“不粘锅翻车事件”为例，在这场直播中，李佳琦在给国内某品牌不粘锅带货时发生严重直播事故：李佳琦的助理在展示不粘锅时往锅内打入一枚鸡蛋，可接下来的一幕恐怕让所有观众都意料不到，那枚鸡蛋竟然直接粘在了锅上，助理连忙使用木铲将鸡蛋铲起，但是鸡蛋又粘在了别的地方，场面一度十分尴尬。

归根结底，李佳琦这次“直播翻车”是由于他碰了自己不懂的品类——不粘锅。作为全网公认的“口红一哥”，李佳琦的女性用户众多，正因如此，自然会有一些受众同为女性的品牌商主动找上门寻求合作，不粘锅就是其中一家。但从李佳琦的直播表现来看，无论是在产品介绍，还是操作当鸡蛋粘到锅上时的应对，都可以明显地看出来，李佳琦是不太会做饭的，换言之，他在这次直播中向观众们展示了自己完全陌生的产品。可能李佳琦认为不粘锅和口红一样，直接拿过来就能用，却忘了很多商品在展示前是需要试用和熟悉的。

从营销的角度来说，推销工具类商品最大的忌讳就是让消费者认为这件商品推销员自己不会使用。为什么很多男主播带货美妆商品时那么抓人眼球呢？对于女性消费者而言，她们会潜意识地认为：当一个男人都能游刃有余地玩转美妆时，自己应该更能做到。

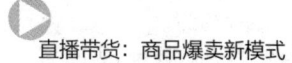

主打大众工具的广告，无论以何种方式进行推广，都不能够让潜在客户认为这件商品使用起来非常复杂。即使是扫地机器人，多数商家也都在主打“一键启动”。而对于不粘锅这种日常用品，消费者更是相当了解，只要做到“不粘”也就基本满足了商品的属性和特点。但恰恰李佳琦带货不粘锅时在“不粘”环节出了岔子，以至于直播间的观众开始对这款锅产生怀疑：一个精心准备的广告，在展示时都能出现粘锅的情况，那自己买回家还能用吗？

这件事发生后，不粘锅厂家做了两点解释：“我们的产品质量没有问题，都有经过检测符合国家标准，粘锅是演示助理没有放油所致；另外，李佳琦不太会做饭，鸡蛋是从冰箱里拿出来的，操作上是有问题的。”对于厂家的解释，消费者并不买账，而且还产生了更多的疑问：如果鸡蛋冷藏了，不粘锅就不好用了，是不是还有别的禁忌？忘了放油，放什么油？豆油、花生油还是菜籽油？

实际上，作为带货主播，跨品类的商品并不是不能卖，而是不能照搬以前的带货方式来做自己陌生的商品。

带货商品要符合自己的形象

《水浒传》的故事家喻户晓，即便没有看过小说，但随着电视剧的一度热播，很多人都对剧中的人物形象印象深刻，尤其是剧中那个每天上街卖炊饼的武大郎，以至于现在很多人一听到“炊饼”二字，第一时间便会想起武大郎的形象。

观众之所以产生联想，是由于作者施耐庵对武大郎的人物刻画已经深入人心，武大郎在小说中的形象就是，整日挑着担子沿街叫卖。在文学作品里，类似武大郎这种鲜明的形象比比皆是，例如提到九齿钉耙多数人会联想到猪八戒，提到方天画戟人们就会想起吕布。

而这种形象放到现实里也一样适用，正如在之前介绍形象章节中我们所讲的那样，每个成名的主播都有一套自己打造的形象，他们靠着形象的光环在成名的领域里直播带货，大卖特卖。而在场外，各大品牌商看中了主播的带货能力，纷纷对主播抛出橄榄枝。可是这些品牌商却很少考虑，主播的形象是否与自己的产品相符，这也就导致了很多品牌商在与主播建立合作之后，直播结果不尽人意。

事实上，这并不能怪产品或是主播，而是从双方建立合作的那一刻起，整个事情的走向就“跑偏”了。试想一下，在原有的设定框架之下，让现代人角色扮演武大郎去卖海鲜、烤鸭、水果等副食品，效果肯定不如卖饼来得好。因为在人们的认知当中，武大郎就应该和炊饼关联在一起，除了炊饼，贩售别的商品人们都不大可能认可，会感到“别扭”。

作为一名带货主播，我们在直播间售卖的产品最好能与账号内容、自身形象标签相吻合，这样由引流内容沉淀来的用户会对直播间带货产品的信赖感更强；而从公域吸引到直播间的新用户，在了解主播专业背景后对荐品也更有兴趣和信心，被种草转化的可能性更大。例如母婴产品，相对应的主播形象，可以从两个方面着手。首先，主播需要是位女性；其次，主播应是一位已婚宝妈。如果说让一个妙龄少女或者是男性来卖母婴用品，无论主播的口才多好，都无法让观众快速产生信任感，随之而来的则是产品成交会非常的困难。

总结来说就是一句话：产品的属性规划着主播的人设，主播的形象提高了产品的附加值。

直播带货，既是主播服务于消费者，同时也是货品服务于消费者，只有当消费者认可主播和商品时，直播带货才能做下去。

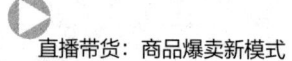

清楚“粉丝”的需求，满足“粉丝”的需求

直播带货谁来买单？当然是“粉丝”、观众。因此主播在选品环节中要尽量选取一些“粉丝”们感兴趣的、有需求的商品。或是根据当下情景来进行选品，选择一些刚需的应季商品，如绿植（春季）；太阳镜、防晒霜、凉席（夏季）；风衣、唇油（秋季）；手套、保温杯、羽绒服（冬季）。

做直播带货，并不是主播想卖什么就卖什么，很多网红、明星带货品类丰富是由于他们本身已经积累了非常庞大的“粉丝”群体，打出了知名度。因此不管他们卖什么产品，总会有人买账。可如果只是一个刚接触直播行业的小主播，在选品时就不能这么“任性”了。对于没有“粉丝”基础的主播来说，如果直播带货人和场都到位，但选品却没有到位，那么这场直播基本上就可以算是打水漂了。想要做好直播带货，主播必须清楚“粉丝”的真实需求是什么，并且差异化地甚至超预期地满足他们的需求。

是否能够满足低价的需求

此需求的前提是消费者之前一直想购买某件产品，但是碍于价格不得不放弃或者选择其他的低价替代品。基于此，物美价廉的产品能够满足消费者低价的需求。围绕这个方向，直播的定位中就需要解决产品问题。一是能否获得高质量的产品；二是能否获得明显低于市场的价格。

是否能够满足情感的需求

有些时候，“低价计谋”只是满足了消费者对商品廉价的需求，而在满足消费者“物美价廉”需求的同时，主播还可以为消费者提供某一种精神需求。例如罗永浩在直播间中一直宣传的理念——“交个朋友”。实际上，一些消费者走进罗永浩的直播间并不是奔着购物去的，而是喜欢线上热热闹闹的气氛，并能够和罗永浩通过弹幕近距离互动。

新冠疫情期间，线下体验受到限制，消费者们只能通过线上满足自己交流互动的心理需求，这也是直播带货在 2020 年快速发展的主要原因，作为主播，有责任提供服务和解决方案，以满足“粉丝”的情感需求。

是否满足新颖性的需求

此需求的一个前提是，消费者对过去一成不变的方案感到不满，渴望尝试更好的新方案。

很多读者可能会对此感到疑惑：“直播电商本身就是一种新颖的购物体验呀”。其实并不是这样的，我们需要思考的是在当前的直播电商环境中，有哪些解决方案是一成不变的，而且是消费者都已经厌倦了的。例如，现在很多电商直播间都是一成不变地称呼“粉丝”为“宝宝”“家人”；一成不变地坐在一个直播间，桌上放满产品讲解；一成不变地“今天直播间限时优惠价”……

那么，我们的直播间是否能够做出一些消费者想要的改变呢？快手平台的一位主播，在带货时总是即兴赋诗，有时真的能为某件推销的商品起到画龙点睛的作用，比如该主播在介绍一款腮红时，顺势借用了元稹《离思五首》中的诗句“浓妆淡抹胭脂颊，一朵红苏旋欲融。”虽是做了些许改编，但用在此时却是恰到好处。

是否满足降低风险的需求

此需求的前提是消费者会担心在直播间购物的风险，进而转向风险较低的线下购物。

2020 年 3 月 31 日，中国消费者协会发布了一份直播电商消费者满意度调查报告，报告显示有近 4 成消费者在直播购物中遇到过消费问题，包括主播夸大和虚假宣传，商品货不对版等。电商直播选品问题逐渐引发关注。

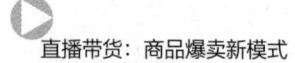

作为主播，如何做出让消费者切实可信的承诺，并降低购物的风险？这个问题很容易就能解决，我们可以学习电商平台的思路。在很多年前，国内主流的电商平台就承诺 7 天无理由退换货，而且来回运费都由平台承担。在用户都还在纠结退货产生的费用时，谁能第一个站出来为消费者解决这个风险，自然能够获得消费者的好评。做直播带货也一样，无论售前还是售后，主播只有做到最好，才能彻底打消观众的疑虑。

是否满足过程体验的需求

这个需求的前提是消费者在某些直播间中不得不忍受糟糕的体验，他们渴望对此进行提升。目前，一些平台的直播系统并不完善，观众在观看带货直播时经常会遇到一些心烦的状况。例如，下单前要先在哪里领取优惠券、与客服联系是否会得到赠品，客服不回复消息怎么办、参与打折优惠需要各种互动条件，……难道不能用更简单的方式吗？作为带货主播，除了对产品进行讲解，引导观众下单也是我们的责任，当观众在支付过程中遇到难题时，主播应快速站出来做出响应，如果是平台的问题，平台应积极配合客户，直到客户完全弄明白支付流程并成功支付下单；如果是商品自身的问题，无论是供应商还是团队内部人员，都应当严肃对待，快速处理。为什么参与打折活动有那么多前置任务？为什么送个赠品还要观众联系客服？这些问题其实都可以在前期和品牌供应商去谈，这样会将一些不必要、造成观众体验差的环节全部删除。

只要我们能够发觉令消费者感到不方便的过程或环节，帮助他们解决，肯定会挖掘到更多的潜在消费者。

一定要抓住性价比

性价比是商品的性能值与价格值之比，是反映物品可买程度的一种量化的计量方式。其具体公式为：性价比 = 性能 / 价格。性价比应该建立在消费者对产品性能要求的基础上，也就是说，先满足性能要求，再谈价格是否合适。消费者在购买产品时，都会选择性价比高的产品。

对直播带货而言，主播选品时不关注商品性价比是最大的忌讳，因为直播带货的货基本都遵循低价的原则，无论哪个平台，出爆款的商品多集中在百元以内，观众们之所以会喜欢在直播中购买也是因为商品性价比高的因素。例如，一些头部大主播，他们在直播间售卖的产品几乎都是全网最低价的，因此吸引了很多观众前来购买。因此建议新人主播在刚开始带货时，先别考虑单价在百元以上的轻奢品，初期阶段，能把货卖出去才是最重要的，至于利润的高低，还是等成为大主播之后再考虑。

高性价比的商品是一切电商模式生存的根本，纵观直播带货行业的头部主播，他们的品控非常严格。首先是产品溯源，他们要求必须是官方旗舰店，同时还会审核商家的店铺，看店铺的动态评分还有宝贝的评价，有明显差评的就无法通过筛选；其次，这些主播还会要求商家提供产品的配料表、成分表、面料材质和加工程序等产品详情，以及国家的质检证书或者国际的认证；最后，会让专业负责专项品类的成员进一步确认成分和尝试感受，大部分成员觉得还不错的产品才会过审，这是一个很复杂和烦琐的过程。

而对于新人主播来说，虽无法全面模仿头部主播的选品流程，但可以另辟蹊径，用一些其他的方法来提高商品在消费者心中的性价比。事实上，所谓的“商品性价比”并非一成不变的，相反，它是不断变化的。性价比是一个心理认知，只有性价比相对较高的，没有性价比最高的，一切要看消费者是采用什么样的对比参照物。举一个最简单的例子，苹果公司在 2001 年推出 iPod（便携式媒体播放器，俗称 MP3）产品时，并没有立即流行起来。直到乔布斯赋予了 iPod 的核心卖点，也就是“iPod+iTunes”的整套服务。乔布斯对于打造一个单纯的电子产品显然是没兴趣的。他真正想要做的是服务，而硬件只是一个外壳而已。当时，市面上其他公司的 MP3 用户都是从网络上下载盗版音乐。但是乔布斯则敏锐地发现用户之所以下载盗版音乐，并不是因为用户不想付费，而是大多数用户找不到可付费的正版音乐平台。于是，苹果公司花费了一年多的时间来说服唱片公司将它们的歌曲放到 iTunes 上付费下载。每首歌定价 99 美分，远低于一张 CD 的价格，而且歌曲可以单独出售，用户不需要购买一整张专辑。在此之前，虽然有公司想过这个方法，但却没有任何一家公司能够真正做到说服唱片公司。iTunes 服务最初在 2003 年 4 月上线，苹果公司曾预计 6 个月可以销售 100 万首歌曲，结果在 6 天之内就卖掉了 100 万首。之后苹果又说服了唱片公司将 iTunes 商店移植到 Windows 上。2003 年底，iTunes 正式支持 Windows。从此，iPod 就牢牢占据“随身听”市场第一的份额。

苹果并不是第一个发布 MP3 的公司，甚至不是第一个发布硬盘式 MP3 的公司。事实上，单论 iPod 产品本身的性价比而言，苹果公司并没有什么优势，但乔布斯却通过制造卖点的方式令 iPod 的性价比大增，从而火遍了全球。

这种制造卖点的方法放到直播带货行业也一样适用，主播可以从商品的价格、功效、成分、售后服务等多方面因素对比，来“痛击”竞品的软肋，突出自己的相对优势。具体实操方法分为以下四步。

第一步：开门见山，主动提出用户“痛点”

以面膜为例，主播在介绍某款产品时，可以向观众介绍几个有关劣质面膜的报道，并重点描述消费者在使用劣质面膜后出现的后果（过敏、起痘、就医），在痛斥无良产品的同时告诫直播间里的消费者劣质面膜买不得。以回忆的方式唤醒直播间观众对劣质面膜的恐惧记忆，引起他们想要迫切改变现状的欲望。

第二步：抛出标准解决措施，冷静分析

当主播成功引起“粉丝”对于劣质面膜的恐惧心理后，就可以拿出自己准备带货的商品进行展示分析，向观众们传递自己手中这款面膜的优异效果，致力于塑造产品功效齐全、效果好、还便宜的特点，提升用户对于该产品的性价比认知。

第三步：提出对比诉求证明对用户有利

“×× 面膜所属成分均经过国家权威机构检测，各项指标均符合国家质检标准，不含激素等有害物质，欢迎自由送检，一经发现，每片面膜赔偿 ×× 万元人民币。”

在直播间列出检测证书，并用“天价”赔偿打消用户疑虑。这足以证明主播对自己的产品很有信心，且用户也很受用，不满意包退、7 天无理由退……这些售后服务都是他们大胆下单不后悔的原因，同时也是打消用户疑虑，减少用户下单阻碍的不错方法。

第四步：结尾促单，刺激“剁手”

主播通过话术进行催单引导：“一盒 ×× 面膜才不到 60 元，一盒能用一个月，算下来每天才花 2 块钱，全年使用这款面膜也才几百元，平时去家高档的西餐厅消费一次也不止这个价位了。”

把总体的价格平均到每天，就会显得花费更少，用户会没有那么大的心理负担，是一个普适的方法，即让用户付出很少的钱，获得更多的东西。如果再把具体的金额优化，比如：一天不到 2 块钱，午饭的十分之一都没有，晚上少吃一点点，等等。另外，也可以将这款面膜的价格和一套护肤品价格做锚点对比，消费者在权衡之下，会认为这款面膜更加划算。

必须要有强大的供应链

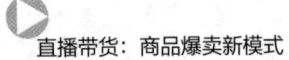

2020年，直播带货行业的市场竞争极为激烈，有的主播为了多卖货，甚至不惜降低货源品质，卖起了“三无产品”。2020年3月底，中国消费者协会发布的《直播电商购物消费者满意度在线调查报告》显示，有37.3%的消费者在直播购物中遇到过消费问题，20.7%的消费者认为直播购物中假货太多。

事实上，货源品质一直是直播带货行业关注的焦点。有不少业内人士认为，直播带货最后拼的不是流量，不是网红，而是货源，也就是供应链。

目前，很多做直播的主播都不具备最基础的商品供应逻辑，同时他们也不会对用户做出任何保障性承诺。一部分主播仅看了几场别的带货主播直播，就认为自己也能在直播带货的行业闯出一番天地，于是乎凭借一腔热情在网上购买了一批小商品，随随便便地申请账号开了直播，可连续几场播下来，既没想好自己今后要带什么货，也没有联系到稳定的供应商，这是极其不专业的。

举个例子来说，假设你是主推小商品的主播，而你在直播时销售的某件商品突然间成为爆款，仅一场直播就卖出1000件。那么在做下一场直播时，你能不能拿出更多的货？这就考验了主播整合供应链的能力。为什么很多新人主播赚不到钱，最重要的原因就是背后缺乏强大的供应链支持，他们能拿到的产品别人也都可以拿到，他们能有的优惠别人也有，甚至其他主播拿到的货价格比自己更低，所以很难脱颖而出。这也是为什么很多网红主播背后都有团队的原因，因为团队中有专人去做选品供应链。

像很多行内顶级大主播，他们每天在直播间里都有数十种不同的商品提供给观众，以满足观众的新鲜感，从而吸引更多的观众关注自己，这背后靠的就是强大的选品团队在全国范围内进行选品。而且这些主播的直播间经常会出爆品，一场直播做下来就能销售几万单甚至十几万单，一般的商家根本就没有这么多库存，这就需要团队去挑选有能力满足需求的供应链。

对于直播带货而言，有好的货源，好的效能，提供的产品质量稳定，观众数量才能持续增加。

在直播带货领域，主播需要确保低价专量来加强“粉丝”黏性，否则就算是带货能力再强的大主播，如果没有超高的上新速度以及货品丰富度，也带不起销量。正如网上很多人探讨的一个话题，如果国内的顶流大主播在国外做直播带货，推销国外企业的商品，十有八九是做不起来的。因为即便他能带到和以前一样多的订单，也几乎没有能力将数万件商品即时送到客户手上，这些都涉及工厂与供应链时效。事实上，不少带货能力强的网红主播为了确保稳定货源，都搬去了离供应链最近的地方。

直播带货能力的重要竞争力在于要能够做到低价走量、快速反应，它需要工厂电商的模式来做到极致性价比。仔细观察，我们可以发现，其实电商模式无论如何变化，发展到最后基本上都走上了亚马逊公司的老路——建立完善的供应链来完成产品供销的快速反应。

从这个趋势来看，电商平台下半场竞争的本质是供应链时效与供应链壁垒的竞争，工厂电商模式可能会迎来新一轮的红利。与此同时，个人主播若是可以建立起自己的供应链，也能从中获得不小的利润。

另外，当主播的影响力发展到一定程度时，主播也可以与工厂合作，打造个人专属货源，个人货源往往具有单一性，即“人无我有，人有我新，人新我异”。个人货源通常是个人 IP 的一个衍生，比如知名插画师或者艺术家的独立设计，比如李子柒团队的螺蛳粉等。个人货源的本质不是货本身，而是个人 IP 的附加值，通过线上或者线下的形式找到合适的厂家，进行合作销售。

选择好卖的产品

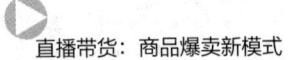

电商发展到现在，无论采取何种模式，销售量最好的商品品类都是零食、美妆服饰、日用品、小手工艺品等，这些商品拥有三个共同的特点，即受众广、单价低、决策轻。

受众广

这个概念很好理解，以零食小吃为例，下到咿呀学语的小孩，上到步履蹒跚的老人，都是目标人群。当前，直播带货面临的一个比较大的难题就是流量特征不精准，我们只能根据大数据分析出“粉丝”画像，但很难继续深挖“粉丝”的性格、爱好、从事工作、薪资等数据。这些关键数据的缺失导致主播很难通过策划进行精准营销。因此，类似零食小吃这种受众广的商品销量总是很高。

单价低

一般来说，爆款商品的客单价都很低，很少有上百的。在竞争激烈的直播行业，越来越多的主播在引流端开始采用薄利多销的促销策略，不求一场直播下来能赚多少钱，只求能够吸引更多人进入直播间，提高自己的名气和影响力。

决策轻

这是建立在商品物美价廉基础上的，直播行业里一直流传着这么一句话“便宜的不一定是最好的，但一定是最好卖的”。为什么？就是因为单价低，看直播的观众并不在乎支出几十块钱，他们能够轻易做出购买决策，况且商品买到手自己还是有用的。

有做过直播带货的读者心里都应该清楚，对于小主播来说，高客单价、高利润的产品，通过直播带货很难出手，或者正式一点的说法是“转化率很低”。因此，新人主播在做带货直播时，最好还是能够在选品上多下功夫，尽量选择一些实用、优惠、受众范围广的商品。

第 8 章

第一次就上手：前期直播带货最需要注意的关键点

现在带货达人们每场直播高峰时都有数十万人观看，有时候单场流水就能达到千万元级别，他们也因此成为各大商家和品牌争相合作的对象。然而万事开头难，每一个行业刚开始都不好做，很多主播坚持不了多久就放弃了。要想做好直播带货，主播除了要有一定的敬业精神以外，还需要具备很强的专业能力，包括直播设备的使用、自我心理的调整、研究商品的卖点、分析消费者的心理等，尤其是主播前期开播，更要做好充足的准备，这不仅能够为第一批“粉丝”留下一个好印象，同时还有助于增强自己的信心。

直播带货的设备要齐全给力

子曰："工欲善其事，必先利其器"。既然你已经下定决心做直播带货了，那么开播前的相关工作就一定要准备好，包括电子硬件的升级和直播软件的熟练应用。

高性能电脑

早在直播带货行业兴起之前，电脑就已经走进了千万用户，成为人们日常工作、学习、休闲娱乐必不可少的电子设备。虽然电脑在全世界范围内的普及程度很广，但这并不表示所有的电脑都可以用来直播。就像所有软件都会公布的"要求最低配置"一样，做直播同样也需要电脑配置，如果电脑配置太低，就会造成直播画面卡顿、模糊不清等观众体验极差的一系列问题。如何判断一台电脑的主机是否适合直播，最简单的判断方法就是这台电脑能否"带得动"特效全开的大型游戏。如果这些比较"吃配置"的大型游戏都能运行得非常流畅，那么，几乎可以百分之百断定，你的主机以及所连光纤网络都是适合开直播的。

摄像头

当下，越来越多的俊男靓女投身到直播带货的行业，对于颜值较高的主播来说，好的形象能够吸引更多的"粉丝"。因此，很多人在摄像头的选择上都比较舍得花大价钱，毕竟一款性能良好的美颜摄像头，可以大大提高直播效果。

摄像头的主要参数为 fps（画面每秒传输帧数），当 fps 不低于 30，在直播的时候几乎就不会出现卡顿现象。另外，就是摄像头的像素可以适当选择得高一些，不过需要注意的是，高像素摄像头对宽带也有更高的要求。因此，在选择摄像头的时候，除了价格因素，我们也要将网速考虑进去。

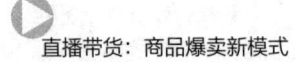

专业声卡

在直播所能用到的设备中，摄像头和麦都可以与所有电脑兼容通用，但声卡是个例外，声卡分内置声卡和外置声卡。

内置声卡只能用在台式电脑上，且电脑主板必须有空置的 PCI（周边元件扩展插口）插槽；而外置声卡主要用在笔记本上，也可以用在台式机上，通过 USB 插口接入。好的声卡品牌有很多，其价位也是从几百元到几千元不等。什么样的声卡才是适合自己的，这要根据自己的预算和具体情况来定。至于内置声卡和外置声卡哪个效果更好，这也是无法用三言两句就能讲清的，简单来说，声卡的效果好不好主要还是要靠用户进行调试。通常来说，内置声卡相对稳定一些，但很多主播更喜欢用外置声卡，主要原因是外置声卡拆卸方便，即使是不懂电脑的人也能轻松搞定。

电容麦

电容麦也被称为电容话筒，很多主播之所以青睐电容麦是由于其音质和灵敏度都要优于动圈话筒。尤其是唱歌类的主播，更加适合电容麦，因为电容话筒能录下更多的泛音元素以及更多细节，非常适合在室内无杂音的环境下使用。相比摄像头和专业声卡来说，电容麦的价格更低一些。基本上 100 多元到 200 元人民币就能购置一款新手入门级的电容麦。聊天型或者收入不高的主播，买这种麦克风一般也就够用了。如果是唱歌主播或者收入高的大主播，那可以买配置高的麦克风，毕竟一分钱一分货，高档的电容麦在录歌时音效会更好。

在直播设备三大件——摄像头、专业声卡、电容麦中，摄像头最为重要，投资上不可太节约。一般来说，对于下定决心想要直播带货的朋友来说，这一套设备购买下来，花上几百上千还是值得投入的；如果目前手头比较紧，也不用灰心，可以暂时先选择用手机进行直播，虽然画质、声效稍差，但至少不需要购买摄像头，而电容麦和独立声卡则可以选购入门级新手套装，两者加在一起，有的网店起价也只有一百五十元而已。

其他设备

灯光：灯光种类太多，主要介绍摄影灯、天使环形灯和小灯泡。摄影灯这种灯光打在主播脸上最柔和，效果最好，但价格稍贵；相比摄影灯，天使环形灯也较适合从未打过光的新手，而且天使环形灯的功能也很强大，既有均匀面光效果，还能调节色温和亮度；小灯泡则是性价比很高的灯光，几块十几块钱就能买到，调节好亮度和角度，效果不一定比贵的灯效果差。

手机支架：也许很多人没有使用过手机支架，但一款实用的手机支架，其好处不必多说，释放双手的同时也能足够稳定。

监听耳机：长时间直播除了腰酸背痛，就是长时间戴耳机导致的耳甲腔受挤压而难受，因此选一款好耳机是很有必要的。

背景布、贴纸：可根据自己的喜好进行选择。

以上是室内直播所需的硬件，那么户外直播需要哪些硬件呢？其实单从设备上来说，做户外直播也并非我们想的那么难，如果你对直播的内容和质量要求不高的话，那么普通的手机或平板电脑都能够满足直播要求。稍微专业点的可以在户外直播时背上专业的摄像机和 DV，当然做户外直播专业的设备一般耗电量较高，因此在设备的投入上，更关键的是保证足够电源能够进行长时间录制，除此之外，我们还需要以下几种设备。

大王卡：一般做户外直播，我们需要手头备一张超大流量卡，如果做大型直播的话，可以配上多路汇集编码器等。

手机三脚架：在长时间拍摄某个场景的情况下，三脚架显然比稳定器更加好用。

在软件的选择上，不同内容的直播则需要应用不同的第三方软件。其中包括但不限于直播美颜软件、录屏软件、手机投屏软件、OBS 推流软件、安卓模拟器。

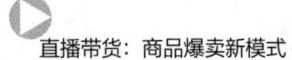

主播在直播带货时并不一定需要用到以上全部软件，只要能满足自己直播即可。

克服怯场和紧张

很多主播在经历首次开播后都会产生这样的困惑："明明自己平时风趣幽默、能跟陌生人侃侃而谈，可为什么坐到镜头前就感觉浑身不自然，身体控制不住地发抖，想说点什么却又不知如何开口，大脑一片空白，就连提前背好的产品参数也无法清晰表达"。

这种现象被心理学家认定为"镜头恐惧症"，而令人抗拒镜头的原因并非不健全的身体或者严重的安全感缺失问题，仅仅是因为镜头会让人感到精神紧张，无论这个人平时的性情和自我尊重程度怎样，该症状所有问题都源于他看到的自己永远不符合他对自己的感觉。实际上，镜头恐惧症对于现代人而言并不算一种很严重的心理疾病，但对于想要做直播带货的主播来说，如果无法彻底克服镜头恐惧症，这将影响到他未来的发展。

那么这种恐惧是如何形成的呢？主要是因为每个人心中都有一个对自己样貌的描述，而这往往是自己主观上的或者说理想化的形象，也就是说自己会无意识地优化自己的优点，而忽略自己的一些缺点，实际上，这个样子跟实际情况是有些距离的。因此，在现场直播的镜头面前，很多人会下意识地产生一种抗拒情绪。另一个较为主要的原因则是对直播的陌生感，对于陌生和未知的事物感到恐惧，这是人的本能心理防御机制，很多人以前并没有做过直播，因此当他们第一次做直播时，出现紧张、发抖等问题，是一种很符合"生理本能"的行为。例如婴儿总会被一些巨大的声响吓哭，这是因为婴儿并不知道是什么样的东西发出的声响，对把他吓哭的声音没有认知，面对超出自己认知和控制的东西自然而然地感到害怕，而随着成长，当婴儿逐渐能够分清"犬吠""汽车喇叭""建筑工地的机器声"

等声音后，恐惧感会随预知的程度而减退。

作为新主播，第一次面对直播镜头时，我们仿佛就是这个不谙世事的婴儿，直播设备的调试、直播流程的遵循、介绍产品参数、解答观众问题等事项对于新主播来讲，都是从未接触过的，这种陌生感导致了我们的不自信，继而令我们感到拘束，甚至恐惧。

那么，身为主播，如何克服镜头恐惧症呢？笔者为大家分享四个小技巧。

找朋友一起出镜

刚开始直播时，可以叫上自己最好的“哥们”或闺蜜来出镜，这能极大地分担你所受的压力。同时，有人陪在身边也能起到“壮胆”的作用，仔细回想一下，为什么我们小时候上幼儿园、上小学的时候，都是由家长接送？这其实这就是一种陪伴，有助于打消我们的陌生感、孤独感和恐惧感，久而久之，我们就能适应自己一个人上学、放学了。

将直播分享给自己在意的人

在前期直播时，主播可以在开播时将直播间的链接发给自己最在乎的人，可以是家人，可以是恋人，人的潜意识里是有向最在意的人展现自我的想法和欲望的，这种表现欲可以在一定程度上冲淡恐惧感。

美化外在

产生镜头恐惧感的部分原因在于缺乏自信，而美化外在则是最直接、最快速的自信提升方法，每场直播前精心打扮一番，将自己最美好的一面呈现在镜头中，并且不断暗示自己是“整条街最靓的仔”，而自己带的货也是全网最经济实惠的商品。

刻意适应

这是一种开播前的实操训练，需要主播投入大量精力。迫于镜头所带来的心理压力，主播可以在练习中先拍局部，比如说让镜头先对着自己身体的一小部分进行试播，让自己的潜意识慢慢接受自己说话时身边有镜头存在，反复练习一段时间后，在心理上也就基本接受了镜头的存在。

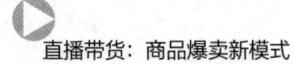

首次直播带货应该聊什么

话术，并非一种可以套用的、固定的便捷说话模式，相反，对于话术的理解，更多的应该定义在沟通技巧上，也就是如何说话才会让人觉得愉快，这是带货主播必须要掌握的一门技能。

不少新主播第一次做直播带货的时候，不知道该说什么，也不知道该做什么，整场直播做下来效果很差。其实，带货也有相应的直播流程和话术技巧，只要充分了解并掌握这些内容，就能做到从容自信不冷场。

讲清产品的成分和原理

成分类的讲解常见于美妆类产品，详细说明其中的成分对身体有什么好处或作用，增加用户对产品功效的信心；食品类商品也同样适用，以果汁为例，我们可以向观众们阐述一下营养成分表以及果汁含量占比。

而原理类的讲解常见于家居产品，主要讲解工具的构造原理，比如解释某款吸水垫采用了 ×× 结构的材料，这种结构的材料，孔隙多，通气也好，所以吸水性能特别好，同时也容易晾干。

讲功能效果，或是直接现场展示使用前后的效果

因为直播现场空间和时间有限，所以这一招常被美妆类产品的播主使用，比如当场卸妆、上妆等；除此之外，穿搭类播主也可以尝试；另外一些清洁类和烘焙类的家居厨具也可以使用这一方法展示商品。

产品细节展示：质地、材料、做工等

比如将水果切开，放到镜头下展示果肉；将枕头内的填充物展示给大家；将衣领、袖口的针脚或是挂牌展示给大家等。而且，要一边展示一边给观众讲述一些细节。

对比同类产品，但注意不要诋毁同行

常见于测评，比如测评各个品牌粉底液的遮瑕效果和水润程度，然后针对不同用户推不同品牌的产品，同时带多款货；也可以是主推一家产品，找同类产品做衬托，比如主推 ×× 家原切牛排，与另一块市场上买的牛排同时煎，最后出盘切割，比对鲜嫩多汁的程度和价格等。

价格、优惠力度

还记得我们在前文中提到过性价比高的产品更好卖吗？若是主播能够找到低价货源，可以在直播时突出价格优势或是限时策略等。

购买的玩法及操作方法，比如几点开始秒杀，如何点击下单等

看直播的观众中，有些人之前可能没有在直播间下过单，因此需要主播进行操作的指导，同时预告用户限时秒杀等活动是在几点开始，让用户有充足的心理预期，以免跑单。同时，在引导用户进行下单的时候，也可以引导观众关注自己。比如："请各位先关注一下我哈，不然下次我直播的时候，你可能会收不到信息，错过好东西了，多可惜呀，谢谢各位的关注！"

答疑

可以是回答产品相关的内容，让自己有话可说；也可以是闲聊，回复一些沟通感情的内容，增强用户黏性；也可以提前了解一下当下社会热点，与用户进行互动"侃大山"。

以上这些内容主播可以循环展开，方便照顾到新来直播间的用户。除了以上方法，还有一种方式就是大量观摩别人家的直播，看别人怎么聊，然后找到最适合自己的直播方式，初期进行模仿，后期开始再创造，慢慢就会熟能生巧。

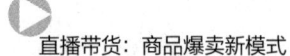

做好环境布置，不能太随意

当观众点进你的直播间，直播间的整体搭建决定了他们的第一观感。新人主播最主要从两个方面去入手直播间的整体搭建工作，分别是场地、背景。其次，产品陈列架、辅助写字板，都可以根据自身直播内容去做布置，但不一定非要布置。

场地

直播场地的大小要根据直播的内容进行调整，大致控制在 8~20 平方米，个人主播场地标准为 8~15 平方米，团队直播场地标准为 20~40 平方米，可以选择家中的一个房间或者自己的线下门店。

如果是美妆直播，8 平方米的小场地即可；如果是穿搭、服装类的直播，要选择 15 平方米以上的场地。另外，要提前测试场地的隔音和回音情况，如果隔音不好或者回音太重，都会影响直播的正常进行。

背景墙

直播间最好以浅色纯色背景墙为主，以简洁、大方、明亮为基础进行打造，不能花里胡哨，因为杂乱的背景容易使人反感。

背景可以是书柜，或者是素色窗帘，不建议直接用白色的墙作为背景，因为白色在灯光的作用下会反光，展示产品时，容易给用户造成镜头模糊、看不清楚的困扰。这就涉及了布光，搭建直播间，布光也是非常重要的。想要精准地对场景进行布光，需要弄明白主光、辅助光、背光、侧光、实用光源等概念以及这些光的使用技巧。如果你能将这些光巧妙地加入你的直播间中，你会发现直播时，整个画面看起来会更加有层次感。不过，这种布光技巧的提升是非常缓慢的，需要长期的摸索和试错，并且前期效果并不如变换布景的效果来得明显。

在搭建背景墙时主播应遵循两个重要的原则：

1. 所选用的道具风格要和个人形象的风格调性符合。

2. 除非为推广某款道具（商品）有意为之，否则，道具的摆放位置不宜抢眼，不然就会喧宾夺主，导致观众的注意力从你的产品转移到道具上，这就背离了我们布置背景墙的初衷。

产品陈列架

一般服装类直播间都会有一个衣架，上面挂满了衣服，美妆直播间则是一个小小的化妆柜。陈列架能更好地展示产品，让直播间看起来整洁有序。产品陈列架不是必需品，但如果直播间特别小的话，建议把当期直播的产品摆放在镜头里。

辅助写字板

辅助写字板是主播在介绍产品时，起到一种补充说明的作用，能帮助主播提高成交率。假设你是做知识付费内容的主播，在直播过程中辅助写字板能起到画龙点睛的作用，一目了然地告诉观众知识要点，让主播显得水平更加专业，也能很好地提高知识付费产品的成交率。

最后，笔者想重点阐述的观点是，搭建直播间是一个实践性的学问，只有主播亲自尝试，才会有更深的体会，因为很多事情，即使看再多的攻略和教程，也不如自己亲自上阵做一次所收获的经验多。

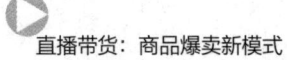

直播没人看怎么办，如何积累直播间人气

越来越多的观众涌入直播间，使直播带货充满了无限的机遇，但机遇多并不代表每个人都能抓住。相信此时有一些读者已经加入了直播的大军之中，但凭借直播带货赚到第一桶金的读者恐怕寥若晨星。这并不奇怪，直播与以往的微商形式不同，它需要主播与观众进行实时互动，因此直播时的节目效果非常重要，而做微商则舍去了很多累赘的内容，二者相比较之下，做直播的难度显然更大。

新主播想要在没有任何资源的情况下，在直播带货的道路上站稳脚跟更是实属不易。很多人花钱购买设备，消耗许多时间和精力，可到头来直播间里观看的观众只有个位数，“粉丝”更是不见增长。作为一名主播，如何在前期引流？以下三点一定要做好。

做好播前计划

直播效果的好坏在于主播是否具备强大的控场能力，这种能力的建立和养成并非朝夕就能做到。作为新人主播，在我们还不具备这种控场的能力时，我们可以在每场直播开始前，做一份直播流程计划。看过电影《大赢家》的朋友都知道，电影里主角严谨之所以能够获得演习的胜利，靠的便是手里那本记录着周全计划和流程的笔记。

做好播前计划可以让我们在直播的过程中条理清晰，不同环节之间衔接得更为紧密，减少冷场的时间，加快直播节奏。当我们能够做好这一切时，我们的直播效果自然会有提升。

不同的领域拥有不一样的直播计划，但通常来讲，一份标准的播前计划至少含有主题、时间节点、活动环节、“粉丝”互动和答疑解惑等内容。一个好的直播计划，能为主播带来效率的同时也能吸引更多“粉丝”。

提升运营能力

做直播很容易，然而想要做好一场直播却很难，这需要主播具有极强的运营能力。无论是淘宝、快手、抖音还是其他直播平台，我们都可以清楚地看到：同样是刚开播几个月的新主播，有的主播依靠自己的超强口才已经月入过万，而有的主播在直播时经常走神儿，导致直播间频频冷场。

直播过程中的运营主要包括三个方面：

1. 主播自身需要有很强的抗压能力，很多新人主播在刚开播时想必最头疼的便是引流，毕竟长期只有几十名用户观看的主播，是很难做到直播行业的头部。新主播在刚开播时可以利用自己的人脉找一批刷观看量的用户，可以是家人、朋友、同学……用递增的方式给自己刷一段时间观看量，持续二至四周，基本都能吸引一批新“粉丝”。

2. 运营需要有策划能力，主播要学会切割自己的直播时间，比如一场带货直播预计播 2 小时，则可以切割三块，前一个小时怎么安排，后一个小时怎么安排，最好是能细分到前 10 分钟怎么安排，比如刚开始 10 分钟，主播介绍自己是什么类型的主播，每天会在什么时间段开播，自己平时一般销售什么商品等等。

3. 运营要有“转粉”能力，主播想要留住“粉丝”，就必须依赖一些方式或者方法，可以是话术，也可以是一些“粉丝”看得见的实惠，例如主播可以通过给“粉丝”打折的方式吸引用户的关注。

做主播带货，无论卖什么商品，主播永远都是决定直播间人气高低的最重要因素。2020 年 5 月 1 日晚 8 点，全球跨境奢侈品电商平台万里目在其抖音官方账号进行了直播带货首秀，品牌代言人贾乃亮作为首场开播明星。这场直播持续 4 个小时，累计观看人数突破 2211 万人，销售总额超过 3250 万元，刷新了万里目上线一个多月以来的单日最高 GMV 纪录。而这还是贾乃亮第一次在抖音开直播带货，尽管刚开场时有些“怯场”，可随着推荐的产品越来越多，贾乃亮也逐渐进入了状态，最终的直播效果完全不低于其他头部主播，甚至还超越了部分头部主播。

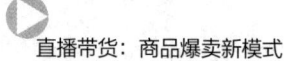

在直播时，主播与观众进行互动也是一件非常重要的事，做直播本身就是一个推销自己的过程，如果你能在每天的直播中将进入直播间的一部分观众发展成自己的忠实“粉丝”，那你的运营能力就算是过关了。

坚持播后复盘

当我们与观众进行告别，关闭直播间后，即便再累，我们也应该坚持完成复盘工作——观看、分析自己直播时的数据，这其中包括用户活跃度、直播间“转粉”率、直播数据分析等等。在复盘的过程中，我们要将直播间的“转粉”率、老“粉丝”的活跃度等各项直播数据与自己的平均数据做对比，并找出数据所传达的问题及原因。

复盘工作一定要在直播结束时第一时间内进行，以免拖得时间太久遗忘重要细节。我们都知道流量的本质就是人气，而人气却并不一定都是流量，因为从严格意义上来说，无法转化为消费者的用户都不能算作流量。

引流在生活中无处不在，例如运行电脑时经常出现的弹窗广告、各大社交平台首页上的直通车广告、电线杆上的小广告都是人们用来引流的一种方式。直播带货这种行为本身就是引流，而那些愿意进入直播间看你直播的用户都是被你吸引的精准流量，只有想办法尽自己最大努力维系“粉丝”，才能在直播间积累大量人气。

直播带货是风口无疑，也是普通人和中小企业逆袭的绝佳时机，但绝对不是任何人都能盲目跟风带货而暴富的。对于直播带货，我们应该拿出负责的态度，将这份事业做到精益求精，把自己最热情的一面展现给直播间里的观众。

新主播化解冷场的五个技巧

每位主播在直播的时候都出现过这样的问题，话题聊着聊着就断了，也就是俗称的“冷场”，这与主播的能力无关，因为即便是大主播也偶尔会遇到冷场这种事。重要的是当我们遭遇冷场时，应该如何应对和快速化解，重新把控住场面，具体有以下五个技巧供新人主播学习。

保持微笑

很多刚接触直播带货的主播经常会由于紧张或者其他原因导致面部表情僵硬、生理化颤抖、说话不自然，甚至根本说不出一个字。这些行为是直播间频繁冷场的几个关键原因之一。直播间是主播和观众沟通互动的桥梁，如果主播自身无法克服恐惧，实时调动现场气氛，做到“一对多”交流，那么，这个直播间的人气永远不可能有大的涨幅。

在直播初期，当我们的身体不由自主地出现颤抖时，可以通过微笑、卖萌使自己镇定下来，从而缓解冷场的气氛。不要小看笑容的作用，在社交中，笑容可以拉近双方的关系，使对方更容易对你产生好感。

巧用“连麦”

连麦是房间互动的小方式之一，在快手上很多主播都在使用连麦的方式进行带货，特别是跟大主播连麦时，可以在一定程度上为自己带来人气。

在直播时穿插一些幽默段子

所有的新主播在开播时人气都不会很高，且愿意主动与主播交流的观众很少，可一旦有互动的机会，主播就一定要抓住，争取让互动的观众变成你的“粉丝”。在没有弹幕互动的时候，主播可以讲几个幽默的小故事或者脑筋急转弯，如果你经常看直播的话，就会发现其实有很多新主播都喜欢对着电脑屏幕读笑话，虽然这种形式略显生硬，但也不失为一种办法。当然更好的方法是，平时在脑海里多积累一些故事，在直播时可以随口说出来，如果段子的内容能与时下的热门话题相结合就再好不过了。

多聊一些自己的经历

正如前两年流行的一句网络语“我有故事，你有酒吗？”很多人都喜欢听故事，尤其是人真实的经历。当主播实在找不到什么话题的时候，可以多说一些有关自己的事情，哪怕只是生活中随处可见的小事，比如今天的天气如何、午饭吃的什么、味道如何，再比如最近被哪家网红餐厅种草，一直想去吃却又舍不得。言语间透漏一种想吃又吃不起的无奈，这时能听懂暗示并且觉得你直播有趣的用户就有可能对你进行“打赏”或者购买一两件商品支持一下。

练就“自言自语”的本领

“自言自语”是新主播必须熟练掌握的一项技能，既然直播间冷清，那么就得负责带动直播间的气氛，这时就需要主播展现“自言自语”的功力了。自言自语可以在一定程度上有效缓解孤单和压力，喜剧大师罗温·艾金森在主演《憨豆先生》中，平时经常对着自己的玩具泰迪熊自言自语。而在主播的生活中，新主播往往会因为人气少心生挫败感，导致孤独，甚至自闭。为了调节、改善这种负面心理，主播可以通过“自言自语”的形式来缓解情绪。

另外，对于新观众，也要把握好一个交流的度，不能为了老“粉丝”而冷落新观众，忽略他们的感受。如果你一直和固定几个人聊天，对于新观众不理不睬，这些人肯定会很快就离开直播间的。

做直播，是否应加入“公会”

对于一些刚刚开通直播间的新主播来说，恐怕连直播间的一些规则还没有完全弄懂，想必更不了解“公会”是一个什么性质的组织，也不清楚自己是否应该加入“公会”。在很多大型网游游戏中都有“公会”的设定，只不过因游戏背景设定不同，“公会”有时也会换成“行会”“家族”“战队”等名字，但性质都是一样的，所有的游戏公会成员都是以玩游戏为主要目的所聚集起来的玩家群体。

有在游戏中加入过公会的读者朋友一定清楚，一个好的公会对于“萌新”有怎样的帮助——接到某个任务却找不到 NPC（非玩家角色）、游戏角色的天赋树不知怎样加点、到了一定的等级装备应该去哪里打……将这些问题发送到公会聊天频道后，会有公会其他成员在第一时间解答，让“萌新”省去不少麻烦。

而当你成为主播之后，以上的便利之处在你加入直播公会时也能轻松得到——比如主播个人的形象、穿搭、直播设备、语言氛围、直播内容设计、直播间设计、活动策划等问题也可以在公会里得到资深主播的解答，当然，前提是你有幸加入一个和谐友爱的“公会”。一个好的直播公会可以帮助新主播迅速提高直播技巧和人气、吸引“粉丝”等，但与网络游戏公会不同的是，直播公会的根本目的是盈利，公会和主播的关系就像是明星和经纪公司的关系，公会为主播提供宣传、公关、签约谈判等服务，然后从主播所得的收益中抽取一部分提成作为回报。

目前，这种直播公会有很多，且公会的管理水平参差不齐，个别公会甚至打着孵化网红主播的旗号招摇撞骗，在与主播签约时不仅收取高额“培训费”和“造型费”，还在合约上对主播进行最大程度上的压榨，并且将签约主播“放养”，任其自生自灭，导致很多自身条件不错的主播最终放弃了直播这条道路。因此，在新主播寻找公会的时候，一定要擦亮双眼，对那些表面上说得天花乱坠、实则拿不出一份有保障的合约的公会保持警惕。

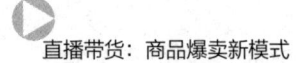

另外，一些公会的套路很深，例如早就在网上曝出的骗术——“零首付整容”，这些人在和主播联系的时候会不断暗示或明说公会可以帮助主播申请贷款做整容手术，整容后公会会投入一部分资源帮助该主播进行宣传，将其捧红。成为网红后，整容的费用通过直播带货很快就会回本。末了，这些经纪人还会在后面加上一句“我们只是给你提建议，最后还得你自己决定。”在这些人经纪人巧簧如舌的忽悠下，不免有人动心，脑子一热，就答应对方提出的贷款整容的方案。

结果贷了款，做了微整容手术后，公会就随便找个借口单方面毁约，或者经纪人就此“消失”，而主播还要慢慢去还整容的贷款，殊不知对方所谓的公会其实是高利贷公司，并且提前和整形医院谈好了返点。

如果你在成为主播之前利用短视频聚集了一些人气，在开播时就比很多新人拥有更多人气，那么这时的你基本都会被公会盯上，他们会主动派人和你谈合作，谈签约。作为成年人，我们要有独立判断的能力，无论对方说得多么好听，都不要轻信，而是需要花些时间去了解对方公司的规模以及口碑，弄清对方是否在骗你，然后再做考虑。

在公会发展日趋成熟的今天，新主播想要打破直播间冷清的僵局，与公会之间展开深度合作是一个比较好的选择，在共同探讨何种直播内容和风格适合自身的同时还能吸引“粉丝”的关注。只有慢慢学习、积累，我们才能跨越大海，仰望星辰。

第 9 章

买它、买它、买它：直播中推销产品的几个关键点

在直播带货的过程中，有些主播缺乏耐心，急于求成，不做任何铺垫，也没有介绍产品相关参数，就直接说：“我们的产品特好，拍一件吧。”试问，有多少观众会做出回应？

直播带货，想带货的前提是必须做好直播，若是直播内容不够优质，观众们购买产品的欲望自然也就不大。作为主播，我们一定要学会如何抓住客户的心理，只有解开观众的疑虑，让观众看得舒心，我们才更有机会将产品推销出去。

重分享，轻推销

直播带货本质上是一种内容营销，并不是单纯性的产品交易。内容营销的本质是跟潜在消费者互动交流、分享好物，而不是纯粹地想要把某件商品卖给观众。所以，一定要让观众觉得我们并不是在推销产品，只是把我们觉得好的东西分享出来让更多人受益，与此同时，跟观众们建立起情感上的联系。

目前，很多电商平台都在提倡主播分享好物，在直播中详细展示商品的性能、使用方法和自己的真实体验。作为主播，我们应当通过不断分享拉近与观众之间的关系，而作为回应，观众也会透露一些与自己相关的信息，如此往复，形成良性循环，让关系更加深入。

对于社交电商而言，主播分享的另一个好处在于，很多人在购物时，希望参考别人的分享意见。尤其是购买美妆、衣服、零食这种个人因素很强的商品，单纯从商品参数上来看基本无法断定该商品是否值得入手。因此必须参考其他人的意见，如衣服尺码准不准、面料如何、穿着是否舒服等。而对于电子类产品，多数人则没有这个顾虑，因为参数非常清楚，扫一眼就能看完。例如一部智能手机，在品牌、型号和配置都非常清楚的情况下，主播的意见只是作为参考，不会成为消费者决定性的购买因素，但是主播可以利用一些其他方面的因素引导消费者进行消费，比如“这款手机在千元机里性价比算是不错了，给家里的老人买一部挺好的，他们对配置的要求不高，而这款手机完全能满足老人的使用”。

主播之所以也被称为“意见领袖”，是因为相比于普通观众，主播在自己擅长的领域里具有一定程度的专业性，这里的专业性并不是指他具有多高学历，而是说他对于某些产品类型或体验的整体消费知识很丰富，这使得人们愿意对主播在直播时说的话语产生信任感。

“意见领袖”对消费者影响的形态则包括了设定角色模范（男友在过节时应该送女友 ×××）、提供资讯来源（股票、基金的消息跟着我准没错）、社会规范（去高档餐厅吃饭着装不能随意）以及自我价值表述（想秒变潮男？同款衣服包邮）。简单地说，意见领袖影响消费者的方式就是告诉他们该做什么、不该做什么，为他们提供相关的资讯，作为他们模仿的对象，以及告诉他们该如何表达自我。至于“意见领袖”能够发挥多大的力量，则取决于他所能形成的社会影响力，这些影响力来自他给予跟随者的利益、本身的专业程度以及值得参照的程度。

我们可以看到，很多顶级的主播在带货时并不是在做完商品介绍后就立即让观众们下单，而是通过自己的视角，将使用产品的经验分享给大家，包括产品的性价比、优缺点等，让观众判断商品是否符合自己需求，从而选择跳过或购买。当然，在这个过程中，主播也要尝试去改变观众的价值观念，让观众觉得这个产品对于自己有价值，并让观众觉得在主播那里买最实惠。如果有些观众真的对于某件商品没有需求，大主播们也不会强求，在他们看来，带货就是与观众们聊聊天，至于观众买不买，顺其自然就好。

事实上，大主播们所选择的这种销售方式非常契合现在的营销学理念，即销售的过程，就是互相认可的过程，首先是要去认同顾客的想法、分析顾客的想法，才可以达成销售效果，而不是急着去销售自己的产品。

做好功课，熟知产品专业知识

做直播带货，一个最基本的前提是主播要对自己销售的各种产品参数了如指掌。主播对产品的解释越是专业，表达越是清晰，给客户的信任感就越强，也就让客户越能尽快做出购买的决定。反之，如果观众已经对产品发生兴趣，但是当他们看到主播面对疑问抓耳挠腮、一问三不知时，那么就会对产品产生怀疑，最终可能会放弃购买。

通常情况下，带货主播应该掌握的产品知识包括以下几个方面。

产品的性能与技术构成

一件产品的性能和技术构成（通俗地说就是质量）如何，是消费者最关心的问题。消费者因为需要才会购买，所以主播能否满足他的需要是他最关心的事。因此每个主播必须对产品的材料、质量、性能数据、规格、操作方式等有清楚的认识。对销售产品的性能、数据的清楚了解，对一个主播的带货效果而言是非常重要的，有时候甚至可以弥补主播在语言艺术和说话方式上的不足。

例如活跃于快手平台的主播小 C，熟悉小 C 的“粉丝”都知道他的学历只是高中毕业,但是这并没有影响他的主播带货业绩。小 C 家里是做电脑配件生意的，在家庭的熏陶下，小 C 对于市面上流行的电脑配件的品牌、性能、效用等知识非常熟悉，再加上他直播时的热情服务态度和良好的售后信用，到他直播间里组装电脑的消费者络绎不绝。小 C 的直播风格并不像其他主播那样巧舌如簧，而是语言非常朴实。面对观众的询问，小 C 会将每一个配件的不同品牌列举出来，然后比较它们的优劣点，给出明确的数据和性能信息，让顾客自己做主。

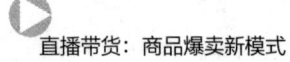

产品的市场情况和品牌知名度

有时候，仅仅是向观众介绍产品的性能，并不能完全使他们信服。因为观众很可能对主播所推荐的产品不熟悉，所以即使主播讲得头头是道，在观众看来可能也只是主播在天花乱坠地吹嘘，或是认为主播在利用自己的知识盲区糊弄自己，这时候，主播必须对你的“粉丝”及观众进行产品市场份额或者品牌知名度的介绍，使他们有更感性的认识。

产品的不足之处

详细了解产品的性能、技术和产品的市场份额等信息，固然对直播带货有好处，但是很多有意向购买商品的观众也都会有这样一种观念：“金无足赤，人无完人。”当主播把产品推介的完美无缺的时候，常常会令观众产生怀疑。

作为销售方，向来有“扬长避短”的意识，因此一些带货主播在面对自己产品的不足的时候会感到很为难。他们在面对潜在消费者时，要么想方设法隐瞒过关，要么采取避而不谈方式。总之，是一味地谈论自己产品的优点，对缺点从不提及。事实上，这并非一种明智的带货方式。因为，在这种情况下，潜在消费者往往会对主播的产品产生这样的疑虑：“它真的有你所说的那么好吗？”当观众们有了这种想法后，要么会犹豫不决，要么会借故走人，尤其是当他们面对那些价格昂贵而自己又不是很了解的商品的时候，往往因为主播的“天衣无缝”的介绍感到望而却步。

因此，在必要的时候，主播可以委婉地向观众道明产品的不足之处，或许更能够得到他们的理解与信任。

产品的价格构成

产品的性能、技术数据及效用等无疑是顾客最关心的，而产品的品牌效应、市场份额和产品在市场上的影响力又能进一步刺激观众的购买欲望。坦言产品的不足能打消观众的疑虑，而产品的价格构成则是观众衡量自己的购买行为“有没有必要”“值不值”的一个关键问题所在。因为，观众即使对主播的产品十分放心，也很喜欢主播推荐的某款产品，但是如果在价格问题上犹豫不决，那很有可能会使主播的所有努力都前功尽弃。

产品的售后服务条款

在带货过程中，为了促成交易的最后成功和避免售后的纠纷，产品的售后服务条款等一定要向直播间里的观众交代清楚，千万不能为了一时的成交而给自己带来麻烦和负面影响。这些条款包括产品的维修、产品的寿命周期、产品的保修期和包换期等内容，一定要向观众交代清楚，这是影响顾客做决定的重要因素。

比如计算机、数码相机等比较昂贵的电子产品，或者冰箱、液晶电视那样大型的家用电器，观众在做决定的时候必然会问及它们的售后服务问题。为了能有效地回答观众的问题，带货主播对这方面的知识必须牢记，要能准确、清楚地回答出来，倘若只是给予模棱两可的回答，那么在售后一旦出了麻烦，主播的责任是无法推卸的。

如何在直播中介绍产品

有人说，直播时介绍产品使劲“吹”就行了，没有必要做深入研究，什么“八星八箭”“工匠精神”“欧洲工艺”“获得过 ×× 设计大奖”“欧美最新潮流”，有什么亮点都“吹”出来，观众自然就会下单了。可实际上，如果直播卖货真的如想象中那么简单，也就不存在那么多尝试一段时间，销售额冲不上去便决定“弃坑”的主播了。

做直播带货，介绍单件商品的黄金时间是刚开始的前 5 分钟，如果在前 5 分钟内你无法吸引和说服观众，他们基本就不会下单，这也是为什么很多头部主播将单件商品的介绍时间设置在 5~10 分钟之内的主要原因。那么，如何抓住短暂的

5 分钟，向观众完整地介绍一款产品呢？通常来说，一个标准的直播产品介绍流程有以下四个步骤（如图 9-1）。

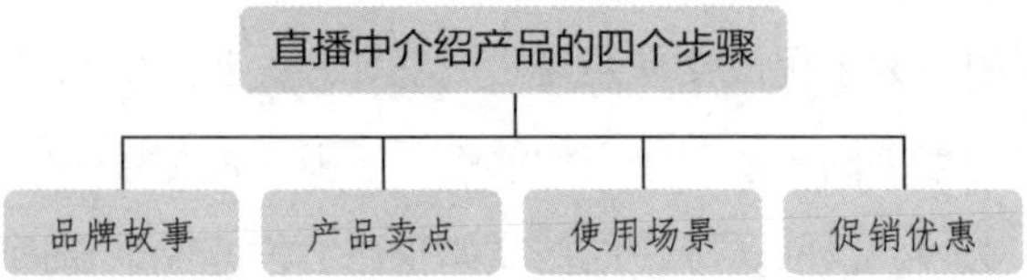

图9-1　直播带货产品介绍流程图

品牌故事

品牌故事可以简单理解为一个品牌或公司的来源、发展，讲清楚它的顾客是谁，要用什么方案为顾客解决什么问题，原因是什么，价值观是什么。在直播中讲述商品厂家的品牌故事，会为商品做背书，增强用户对厂家的认同感，对商品的信任度，甚至引起共情，从而购买商品。

例如：最近 ×× 新推出了一款洗发水，之前他们家一直卖的那款基本款，我从上高中那会儿就开始用了，七八年都没有涨过价了，厂家非常朴实。当然，它的包装也跟它的生产厂家一样的朴实。之前进货的时候，有问过为什么不做一下包装升级，结果厂家的回答真的是感动到我了，他说如果包装升级了，就要换材料和供应链，成本就上去了，消费者复购时就要花更多的钱，没有那个必要……这真的是业界良心，国货之光啊！所以这次我一定要把这家有良心又好用的产品推荐给你们。”

如果带货的商品没有品牌知名度，主播则需要对品牌故事进行阐述，比如说说这个品牌是在什么样的背景下创立的，过程如何艰辛，创始人具有怎样的魄力，目前国内外有哪些名人正在使用等等。对消费者反复讲述品牌故事会加深他们对该品牌的印象，同时主播在后面介绍产品规格、成分、功效等情况的时候也会显得有底气。

产品卖点

主播在提炼产品卖点时需要清楚的是，商品的核心卖点一个就够，其他非核心卖点稍微提一下就好，比如说推荐一款面膜，目前市场上常见的套路就是“无脑吹”——这款面膜既能美白、又能补水、还能消除皱纹等等，结果说到最后消费者也没明白这款面膜的优势到底是什么，感觉听介绍好像和其他牌子的产品都差不多。

在宣扬产品卖点时，主播应尽量突出产品的核心卖点，比如说自己推荐的这款面膜美白功能强大，产品运用最新的仿生技术研制而成，能够有效促进表皮细胞的自我调节能力，恢复细胞记忆令细胞健康增值；还可说说，和市面上的产品比起来，那些产品的美白功能效果连我们这款的一半都达不到诸如此类话。

主播在推荐产品时，只需抓住一个核心卖点即可，至于其他的属性稍微提一下就行，无须过多解释。线上产品营销，越是专注、精简的描述，就越能够让消费者记住。如果产品的核心卖点不够突出，主播也可以从产品性价比方面入手。

使用场景

大多数观众看带货直播都没有很明确的需求，时常是看着看着就有了消费的冲动，买回来后发现实际作用不大，要么低价放在闲鱼转卖要么搁家里吃灰，而随着消费者“冲动”的次数多了，就会慢慢回归理性，在下单之前会进行深度思考，自己究竟有没有买这件商品的必要。

因此，主播对于使用场景的描述，等同于是给消费者一个买单的理由，激发消费者的心理需求。举例来说，在智能手机普及的时代，手机自带照明功能，那么传统的强光手电筒是否还有销路呢？可如果这时主播说，可以更换电池，方便购买者在露营时使用。仅一句话，场景就能立刻在观众的脑海中浮现出来。对于那些偶尔节假日会自驾郊游的观众来说，一下就有了下单的理由。

除了给潜在消费者凭空描述出使用场景，主播也可以阐述自己的使用场景，以及使用感受，这种分享过来人经验的使用场景阐述，真实感更强，也更具有说服力。

促销优惠

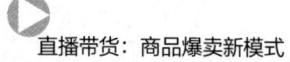

在前文中，我们讲述了不少有关促销优惠方面的内容。之所以对促销优惠如此重视，是因为它在直播带货中的作用非常重要。很多商品，恰恰是有了促销优惠的推波助澜才创造出了高销量，继而成为热卖的爆款商品。当主播介绍了产品的品牌故事、规格参数、卖点及使用场景后，基本能让很多有需求的观众心动，但想要让心动转化为行动，促销优惠的手段必不可少。

促销优惠的方式有很多种，无论是代金券也好，限时价格打折也罢，其目的都是为了让消费者下定购买的决心。不得不说，促销优惠确实非常有效，它能对持有犹豫态度的消费者造成“致命一击”，彻底摧毁消费者的心理防线。

紧抓买家“痛点”

“痛点”，是一切营销的诱因，更是一切商业和一切产品的根本策动点。

很多经济学家口中的“痛点思维”，本质上是一种问题思维——痛点解决之前，它是问题，意味着不适、痛苦、抱怨、隔阂、分歧、误解；而当痛点解决之后，则意味着舒适、机会、商机、达成一致、合作、财富。在直播带货行业，想获得成功，抓住消费者痛点同样是关键！

带货主播如何“撩”观众？直击“痛点”奏效快

我们都知道，直播带货的销量从根本上讲来源于市场的需求，或者准确一点说是消费者的需求。身为主播，若是我们能够在直播时敏锐地发现客户的需求，并思考以何种方式说服观众，让观众有良好的体验，那么后面的事情就会顺理成章地往主播所希望的方向发展了。

从某种程度上来说，直播带货和线下销售其实是相通的。两者都需要销售端

（主播、推销员）直击消费者的痛点，这会让对方认为主播（推销员）是在将心比心，站在自己的立场上为自己考虑事情。如何找出消费者痛点？主播可以参考以下两种方法。

1. 运用线上搜索引擎

多数人在遇到难题时都会选择上网寻求帮助。这样，他们的疑问就会在网上留下相应的痕迹，主播可以借助各种搜索引擎进行查看。例如“百度搜索”，我们可以在手机上打开百度主页并输入自己行业的关键词，这样就可以看到这个行业的所有问题都集中在哪。

那些被提问次数很多的问题，就是消费者的痛点所在。除此之外，我们也可以在各大论坛进行问题检索，以查找那些困扰消费者的痛点难题。例如早期的小米公司就是这样做的，小米在创立初期，研发者开设了一个叫作“MIUI”的论坛，主要目的是方便米粉们交流和提出问题，小米就是在论坛中不断地和用户产生连接，用户吐槽的每个痛点，他们都记录下来，不断地改进，从而塑造了小米今日的成就。

2. 转变思维深入用户场景

在营销学的范畴中，那种类似于卖场的大型超市，就是一个很经典的深入用户场景的案例：超市的货架一般都是 3 层的，而中间的那层商品，往往比其他的层的商品卖得快而且价格高。

为什么会出现这样的结果呢？通过调研人员不断跟踪消费者发现：根据人的观看习惯和拿取的方便程度，可将货架空间分为上、中、下三种不同段位。其中中段是黄金位置，最易被人看到和拿取，上段醒目易于指点，下段位置较差。因此超市常把货架最显眼的黄金位置用来陈列高利润商品、独家代理或经销的商品、走货量大知名度高的商品，最上层通常陈列需要推荐的商品，下层则通常是销售周期进入衰退期的商品。这个经典案例表明，发起者就是要具体的参与到消费者的实用场景中，才能发现痛点，进而实现生意的最大化效益。

直播带货，是另一种层面的“超市营销”。我们一定要善于用新的思维去打破旧有的观念，互联网的商业逻辑在变，我们的思维也要跟着不断改变，只有亲自深入用户场景，了解底层逻辑，我们才能发现新的机会。

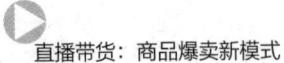

做直播如何与潜在消费者进行沟通？言简意赅最重要

1. 明确目的

交流是能够增进彼此间的了解。主播在直播间里与陌生的观众交流是为了把好的理念、好的产品、好的服务传播给更多的人，由于每个消费者的思路点不一样，因此即便是同一个观点也会有不同的表达方式。作为主播，我们在传递产品信息的同时也要领悟对方想要表达的意思，这样的交流才是有效的，也才能更快达成共识。

2. 言简意赅

直播带货需要一定技巧，作为主播不仅要能说，关键还要“说到点上”，如何通过话术和观众产生共鸣是每位主播重点学习的部分。在推荐商品时，主播一定要从用户的痛点切入，言简意赅地陈述商品的要点，让用户觉得不买就感到“难受”。另外，一定要多与直播间的观众进行互动，让大家能在活跃轻松的氛围中选购商品。

直播带货的“临门一脚”

要想直播销量好，催单话术少不了。很多观众在下单前都会犹豫不决，如果这个时候我们能通过催单话术来稍微刺激一下，一部分原本犹豫的观众可能就买了。直播带货中催单话术的关键在于营造抢购的氛围，给消费者发出行动指令。让观众认为，现在不买，就再也买不到这么便宜的了。在这样一种紧迫感中，让观众做出迅速下单甚至抢单的行为。

作为主播，我们可以从以下两个方向去实施。

强调产品价格优势

一些主播在推销商品价格时只是简单地介绍商品原价多少，现价多少，限时多少份。实际上，这种说辞对于观众来讲并没有多少吸引力。相反，观众可能还会产生多重顾虑：这主播所说的原价是真的吗；市面上其他替代品会不会比主播这更便宜；以后会不会还搞活动，比这次还便宜；自己到底有没有购买的必要。

你看，单纯用简单的原价和现价的价格锚点是无法解决观众顾虑的。强调产品价格优势固然没错，但新颖的介绍方式则更加重要。

当前，很多有经验的主播在介绍产品价格时都会打出一套“连环组合拳”，这套“组合拳”的用法非常简单，也非常好用，无论销售护肤类、食品类、生活用品类，都可以直接套用在产品上，它就是——“三连跳促单法”。

我们先来看一下这种方法运用到直播中的实例：

主播：×× 牌羽绒服，之前门店里要 1200 元一件，现在反季大促销只要 800 元，还送一条该品牌的围巾，围巾单卖的话也要 99 元一条，这样算下来，一件羽绒服能省 500 块呢，是不是很划算？但你们以为这就是最终价格了吗？别忘了咱们平台还有 50 元的专属优惠券呢，另外品牌方也有活动，现在是满 300 减 150。全部算下来到手价只需要 600 元，相当于 5 折！同时品牌商还赠送一条价值 99 元的围巾。

（打开该品牌在其他电商平台上的官方旗舰店）这是 ×× 品牌的旗舰店铺，800 元，没有其他折扣，也没有额外赠品……

今天，在我直播间下单的，只要在付款时备注“从 ×× 主播直播间来的”，商家还会额外赠送一件价值 299 元的羊毛衫，别急，我给你们算一下哈（主播拿出计算器操作）。

现在只需要 600 元，等于说是买到了总价 1598 元的商品，才 3.7 折啊。太划算了有没有？

我们来分析一下，该主播在上述产品介绍中都用到了哪些引导下单方法：

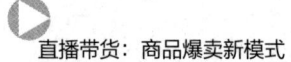

第一，价格锚点。对于一款反季商品而言，5 折的优惠力度并不算是太低，因此主播在这里不光用折扣信息来做价格锚点，还在锚点当中加入了赠送围巾的条件。相比之下，更能突显商品的高性价比。

第二，价格比对，通过去官方旗舰店看价，来打消观众“其他渠道会不会更便宜”的顾虑。

第三，买赠，只要备注“从 ×× 主播直播间来的”就额外赠送 299 元羊毛衫一件。再一次变相降低了产品自身的价格，让顾客觉得超级划算，占到了大便宜。

见识了这种催单方法，下次就不要再说：“这款产品原价 XX，现在价格 XX 了”，而要学会设计出让“粉丝”一次又一次感到产品便宜的促销策略。

不断提醒用户限时限量

商品上架前，再次强调该商品促销政策，包括限时折扣、现金返还、随机免单、抽奖免单等促销活动，让用户热情达到高潮，催促用户集中下单。

比如快手平台上，某主播带货时经常使用的一个技巧就是，无论商品库存多少，只卖 10 秒钟，在商品上架的同时，主播会在直播间倒数读秒，而一边的助理则会实时观测销量，并将库存数量告知直播间观众。给直播间营造出一种“秒杀狂欢”的气氛，激发观众体内的肾上腺素，调动起观众的情绪，让观众在兴奋与刺激中疯狂抢单。

不断提醒用户即时销量，营造出畅销局面，重复功能、价格优势、促销力度等方法都是主播迫使用户快速下单的技巧。直播带货玩到后期，实际上就是主播对一套剧本的充分演绎，不管是“苦情戏”还是“热血戏”，只要观众肯下单，主播的表演才算圆满。

产品卖出去以后，不能忽略售后服务

售后服务是直播带货过程中的最终一环，但也是非常重要的一环。有些主播认为直播带货只要把货卖出去就“万事 OK”，至于商品是否漏发、错发，有无质量问题都与自己无关，毕竟发货的是厂家、品牌商，自己无权插手。事实上，这种想法只是主播在商品发生售后问题时给自己找的开脱借口罢了。直播带货是一个连续的活动过程，只有起点，没有终点。成交也并非推销活动的结束，而是下次推销活动的开始。当商品在自己的直播间成交之后，主播有义务向顾客提供服务，以努力维持和吸引顾客。

对主播来说，做直播带货的首要目的并不应该是自己赚了多少钱，而是一场直播下来自己又收获了多少新“粉丝”。因为“粉丝”数量才是主播能够带货多少的重要基础，“粉丝”多，销售额才会高。

主播要吸引更多的“粉丝”，一个重要途径是确保老顾客的权益，并让老顾客成为自己的忠实顾客。而老顾客是否会选择回购，则取决于主播在订单成交后的维护行为。主播不仅要做成生意，还要与“粉丝”建立关系，成交之后，主播更要努力使“粉丝”感受到自己热情，而不是冷脸嫌弃。

乔·吉拉德曾说：“真正的销售始于售后”，其含义就是，在成交之后，销售员能够关心顾客，向顾客提供良好的服务，既能够保住老顾客，又能够吸引新顾客。作为带货主播也一样，若是你的服务能够令“粉丝”满意，他们自然会再次光临，甚至还有可能推荐他们身边的朋友到你这里消费。反之，如果主播的服务差，他就有可能会塑造出更多的“敌人”。

就直播带货行业而言，用户的信赖是忠诚度的前提，而售后服务，则是主播获得信赖，提高用户忠诚度的最快途径。有网购经验的读者都应该清楚，用户在消费后，最怕面对的问题就是品牌、商家、主播等各方的“不负责”。这份“不负责”很大程度降低了用户对其的信任度。失去了信任，自然没有忠诚度可言。

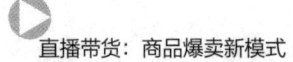

目前，越来越多的主播在面对用户产生售后问题时，会选择第一时间站出来，并针对用户的需求，给出优质的售后服务，帮助用户解决问题。这种售后速度、方式都可以称为主播售后服务的规范模式，而这份规范的售后服务背后，也给用户带来了更好的体验。

直播带货发展到今天，用户在购买商品时除了在意品牌质量、性价比外，也开始在意消费的体验。若是主播能够给消费者带来更好的体验，自然也就能留住这些用户，而留住更多用户才是带货主播个人发展的关键所在。

直播带货并不是一锤子的买卖交易，用户的价值也不在于一次性购买了多少产品。怎样提高用户体验感留住客户，才是每位带货主播需要长期探索的事情。

第 10 章

积极复盘：总结经验，提升直播带货量

一场直播的背后，工程量可谓十分浩大，不仅开播前的选品需要耗费心力，开播后的数据复盘更是不容掉以轻心。尤其是对想提高自己带货能力的主播来说，数据复盘带来的成长是非常迅速的，有时候仅仅是一个话术的改变都有可能演化成为爆发式的增长，因此重视直播数据复盘，就是对自己最好的投资。

直播运营：发现问题，从直播复盘开始

在2015年上映的体育纪录片《C罗》中，很多观众对球星C罗有了一个全新的认识，为了保持自己的竞技状态，C罗十分自律，无论是在日常训练的严格执行还是在饮食分量上的精确控制，都一丝不苟地认真对待。但身体上的自律只不过是C罗取得成功的一个因素，足球这件事，绝不是练成一个肌肉猛男就能突破对方的封锁、轻松破门。足球是一项集体运动，身体是基础，而能否成为一名超级球星，取决于他是否具备足球智商。

在纪录片中，C罗是一个顾家的男人，每次比完赛回家都会陪儿子玩上一会儿，但即使是玩，他也要打开电视播放录像。这是C罗多年以来养成的习惯，无论比赛输赢，都会在比赛结束后的第一时间拿到这一场的比赛录像，从全局分析比赛，从细节推演总结，一次次传球，一次次突破，一次次射门，每一个镜头C罗都不厌其烦地反复观看，其目的就是找出其中的漏洞或不足，为下一场比赛做更好的准备。

直播带货也是如此，一场直播的结束，站在观众的视角来看是落幕了，可对于主播来说，还有很多后续工作需要处理，复盘就是其中比较重要的一项工作。复盘是围棋术语，也称“复局”，指对局完毕后，复演该盘棋的记录，以检查对局中招法的优劣与得失关键。

在直播中，很多大主播都将复盘当作一项重要的工作看待，在复盘的过程中，

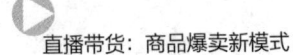

主播们会发现自己在执行直播策划过程中疏忽了什么东西，或者直播中出现了哪些问题，通过对直播录像的复盘总结，主播可以及时地发现自己的不足并找到解决的办法，争取在下一次直播中做得更好。

直播复盘的重要性

直播复盘对主播来说是一项很重要的工作，其目的是给主播接下来的工作提供参考价值，简单说就是总结成败吸取经验。做好复盘工作，主播至少可以得到 3 方面的收获。

1. 工作流程化

我们知道很多工作都是有流程的，在直播时，我们可以用到一些技巧或是套路，这样能起到事半功倍的效果。但是这些方法并不是唯一的，当然也不固定，每个直播间都是不同的，我们可以根据自己的特点不断摸索最适合自己的方式，而复盘就是为了能让直播间的工作更加流程化。

2. 不断纠正错误

在回顾自己上一次直播录像的时候，主播能够发现直播中出现的问题和错误，如与观众在讨论商品的时候态度强硬、播报商品规格参数的时候出现口误等。对出错的部分记录下来，进行改正和优化，能够让每次直播都比上一次做到更好。

3. 经验转为能力

在直播中，主播都会遇到一些突发状况，也许在直播时主播没有太多时间进行思考，导致对突发状况的处理方式不太得当。而通过复盘，主播可以静下心来重新回顾整个事件是因何而起的，得到更多自己当时没有注意到的细节，为以后解决紧急状况积累经验。

复盘属于方法论，每个主播都可以根据自身情况去调整，但有一点是肯定的，主播应坚持将复盘当作一项长期的工作做，而不是等到直播效果很差的时候才回过头来做复盘。另外，直播目标要预先设定，目标要具体，可量化计算，这样复盘的时候才能进行数据对比，从数据中发现问题所在，那些空泛的概念目标既不利于复盘，也不利于考核。

查漏补缺，做有计划的复盘

我们可以看到，不少主播在直播结束后会及时做复盘，但收效甚微，想要做好复盘，先要明白复盘的底层逻辑，即找到问题、分析问题、解决问题。做有计划的复盘才能帮助主播实现自我提升。

1. 回顾整个直播过程

在时间充裕的前提下，主播应尽量将自己的上一场直播从头到尾回看一遍。有些平台自带录像功能，很方便；没有录像功能的平台主播也可以通过使用录屏软件录制直播内容。在复盘的时候，主播可以把自己假想成一名普通观众，以一个观众的视角来看这场直播，这会使主播更能理解观众的感受，并发现直播中出现的问题。

2. 总结优点

主播要善于发现并总结直播中的优点。目的是加深记忆，在往后的直播中持续这种直播风格。

3. 列出问题

复盘中最重要的一环就是挑错。通过重看直播录像找出本场直播中存在的问题，并列出解决方案。对出现严重失误的地方，要记录下来并告诫自己下次一定不能再犯。

4. 活跃度最高时要怎么做

观看整场直播的时候，在用户发表评论最多的时间段观察主播（自己）的表现，总结其中能够触达用户的点，可以在今后的直播中多次使用类似的玩法。

5. 对直播打分

每场直播结束后复盘，主播都给自己本场直播的表现打一个分数。打分的目的是让自己对整场直播有一个认知，因为一场直播下来，有得有失，打分可以让自己明确地知道是优点多还是犯错多。而且，记录每次直播的分数，可以作为下一次的参考，有比较才有进步。

直播复盘是一项枯燥且难做的事情，特别是刚“入坑”的新主播。有些新主播在接触复盘工作没多久便感叹道："复盘好难，可以不做吗？"对此，主播们不妨反问自己"如果记录这一次复盘，可以让自己在下场直播中多收获 10 名消费者，自己愿意做吗？"相信大多数主播的回答都是肯定的。复盘，并不是浪费时间，而是在原有的工作流程中找寻新的思维和解决方案。

直播带货中的复盘非常重要，这是区分新主播和大主播的重要标准。那些人们眼中的头部主播，他们超高的带货量其实都是在复盘过程中完成的，开播时他们只是在执行复盘后所做的策划而已。这也是头部主播常说的："交易你的复盘，复盘你的交易。"

掌握直播数据分析的方法

做复盘，数据分析是重点，毕竟数据不会说谎，尤其像直播带货这种商业行为，所有结果的呈现都是数据说了算。不过对于新主播来说，在开播的前期并不推荐大家去做数据分析，因为观看新主播的观众不多，换而言之数据样本量是不够的，不足以看出数据的波动与趋势，也无法准确总结平台的算法与规则。因此，建议新主播在开播一段时间后，当各方面的数据量足够看出变化了，再进行数据分析，而分析的点主要是数据的波动，以及某些可能影响数据的操作。

如今，绝大多数直播平台都有"一键生成"数据报告的功能，通过这份报告，主播可以看到"粉丝"和商品的相关数据，例如直播时长、累积场观、累积互动、累积商品点击、"粉丝"点击占比、最高在线、"粉丝"平均停留时长、"粉丝"回访、新增"粉丝"、"转粉"率、本场开播前累积"粉丝"、场间"掉粉"、订单笔数、预估转化率、"粉丝"停留时长、互动数、周期"增粉"数、商品点击数、订单数等数据，这些数据会随着主播直播内容质量的高低而不断变化。而主播要从这些数据中得到的便是如何获取用户、留住用户、增加收益的答案。

数据分析的方法有很多，例如信度分析、列联表分析、相关分析、方差分析、回归分析、聚类分析、判别分析、主成分分析、典型相关分析、R0C 分析、多重响应分析、对应分祈、决策树分析等等，但作为主播，我们没有必要学习全部的统计分析方法，只需要弄懂对自己有帮助的数据分析方法即可。在直播带货领域，比较常用的分析方法有以下三种。

对比分析

顾名思义，通过比对，找出异常数据。这里特别要申明一点，“异常”不是指差的数据，而是指离平均线偏差较大的数值。举个简单的例子，某主播每天带货数量长期维持在 30~50 件，但某天销售量突然达到了 200 件，对主播来说，这纵然是个不错的结果，可这也算是异常数据，需要主播密切关注，查找原因。这也是为什么主播需要做数据分析、统计的原因，只有把多天的数据放到一个表格才能发现数据的异常。

曲线分析

曲线分析的优点是读数容易，即便是对数据一窍不通的人也能通过曲线大致掌握数据走势。在做曲线分析时，主播可以挑选 5 个左右相关性高的数据放在一起观察它们的走势，一致或者不一致都能解读出不同的含义。

特殊事件法

大量数据表明，大部分的数据“异常”都会关联特殊事件，例如直播间标签变化、开播时段更改、主播在直播时离场时间过长等，这要求主播在日常做数据记录时要同步记下这些特殊事件。

数据分析是每个带货主播的基本功。主播应具备使用数据分析并制定出相应的执行方案的能力。做了一段时间，观看率不高，需要用到数据分析；观看率高，但“涨粉”量不高、引流效果差（转化率不高），也需要数据分析。所有的后续操作，全凭数据指引方向。

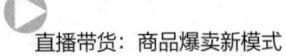

精准复盘：主播需要掌握的 6 项数据

掌握数据分析的方法之后，就要进行精准复盘，而要做到精准，则需要准确的数据。那么主播具体要利用哪些数据来进行复盘呢？一般来说，以下 6 项数据是需要主播重点关注的。

直播销售额

销售额是最能体现直播带货能力的数据指标，但是需要综合分析一段时间内的数据走向，才能更真实地反映主播的直播带货能力。主播在复盘时将销售额记录成表，以观察最近一段时间内的直播带货效果是否稳定。一旦出现数据下滑的趋势，就要找出原因，尽快调整策略，才能保证直播数据的稳定性。

直播观众总数

单场直播观看人次是一个很重要的数据。可以根据观看人数的数值，分析哪个时间段的观众最多，什么样的话术和直播形式更受观众欢迎。

直播间观众停留时长

很多用户在进入一个直播间后，如果感到无聊很快就会走掉了，这就影响了直播的停留时长。而直播的停留时长，也会直接影响直播间是否能获得系统更多的推荐。

新增“粉丝”数

新增“粉丝”数的多少，可以衡量一个主播的直播内容是否能够吸引“粉丝”

的眼球，若是连续多天“粉丝”增长缓慢或零增长，主播就要从提升直播内容方面下手，例如在选品时找到一些更加优惠的商品。

直播间用户画像数据

直播间的用户画像是主播做带货直播需要分析的关键数据，从营销学的角度上讲“有需求才有供给”，主播带货应基于直播间用户的需求做出相应调整。直播间的用户画像包括年龄、性别、兴趣、来源等，掌握了这几个数据，无论是选品还是直播间的优化，都能找到切入点。

直播互动数据

直播观众的互动数据是可以看出用户的购买倾向和主要需求的，最主要的来源和构成就是弹幕词。通过弹幕词数据，主播可以知道“粉丝”都喜欢聊什么，下次直播的时候就可以多准备一些相关的话题，来调动直播间气氛。同时也能了解观众对哪些商品的兴趣比较高，可以在之后的直播中可以持续进行推广。

另外，主播在选品时除了参考复盘数据，也要对产品价格结构有所考量。是否符合“二八定律”，即高客单价的产品要占到 20%，利于提高“粉丝”黏性和“粉丝”质量；低客单价的产品占 80%，利于主播种草。

复盘工作的三大原则

直播带货的复盘，想要效率高，必须坚持一定的原则。淘宝服饰店某店店主就非常推崇复盘二字，而且效率非常高。她不止一次在直播中提到自己下播之后要进行复盘，通过复盘从自己身上去挖掘潜能，以一个旁观者的身份，去客观、理性地剖析过去的自己，向过去的自己学习。这是实现自我快速成长的第一捷径。

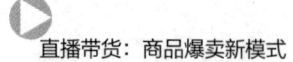

那么，如何做到高效复盘呢？那个店主一直念念不忘的三个核心关键词分别是高频、深度、持续。而她本人的复盘工具，就是每次直播结束后做复盘记录。

原则一：复盘要高频

复盘的频率，决定了自我进化的速度。很多人每年年初都会给自己未来的一年确定一些目标和计划，但绝大多数人在执行上，都坚持不到三个月，之所以出现这样的后果，就是这些人复盘的频率太低了，或者说从没做过复盘。

那个店主和很多人一样，有时做了关于直播带货的计划没坚持多久就扔到一边，一直到计划中的时限快要截止时，才反应过来，于是只能做个总结，这种状况周而复始，直到那个店主开始做直播复盘，这种情况才逐渐好了起来。从此，那个店主坚持每次直播结束后都要做复盘。不过，那个店主并不是一个全职的带货的主播，通常一周也只是做一到两次带货直播，但她感觉每周一到两次的频率对自己来说刚刚好，每次复盘结束后，她都能对计划的进度有一个清晰的认识，知道自己又需要在下周做哪些调整。

那个店主在做复盘的时候会遵守百分之百真实地还原记录。在她的直播复盘记录中，无论这场直播做得好不好，自己都会如实记录，同时会拿给团队的其他人看，并让其他人深挖自己的直播失误。

原则二：复盘要有深度

复盘的深度，决定了自我进化的质量。复盘不是浅尝辄止，否则只能永远浮于表面。所以，那个店主在写直播复盘记录的两年时间中，始终在倒逼自己，做更有深度的思考。

最开始做记录的时候，她只会记录一些心灵感悟、鸡毛蒜皮，总之就是爱记录一些流水账。但复盘做得越多，她就越明白，这种流水账的记录，并不能让自己实现成长的突破。于是，她开始刻意的在复盘记录中加入自己的独立思考，不管怎样都要有自己的观点。但观点不是随便从脑子里飞出来的，而是要通过持续的输入，深度的思考，才能够写出来。慢慢地，她的记录增加了复盘心得部分，以及深度思考部分，为的就是倒逼自己，建立知识体系和系统的价值观，而不是仅仅停留在低水平循环。

原则三：复盘要持续

复盘的持续性，决定了自我进化的上限。人类的自我进化是一场长跑比赛，而不是跳高比赛，在某一个时间节点上，一个人跳得再高，只不过在外人看来很热闹，对自己的成长并没有太多帮助，既然是长跑，就要比耐心，比持久，比谁能坚持到最后。

具体到那个店主的复盘记录，就是要把复盘这件事变成自己每次直播结束都必须要做的事情。那个店主一直信奉一句名言："大多数人高估了自己1年内能做到的事情，而低估了自己10年内能做到的事情。"十年虽然很长，但那个店主认为，如果可以坚持做一两年的复盘记录，就会让自己的带货能力有一种质的飞跃。

头部主播是如何复盘的

对于很多头部带货主播来说，复盘工作必不可少。这是他们能够成功的一个重要原因。那么，他们是如何复盘，又有哪些值得借鉴的地方呢？我们不妨参考一下"口红一哥"李佳琦组织的复盘分析会，希望能够为各位读者提供一些实操思路。

一般来说，在非电商节的时候，李佳琦每天会在晚上8点左右和"粉丝"见面，根据带货商品的数量的多少，下播时间也会有所不同，但总体而言，一般不会超过晚上11点半。在李佳琦下播前15分钟，团队各部门成员会提前来到会议室，一边分析属于自己的工作，一边与其他同事低声进行一些讨论。当李佳琦结束直播后，会第一时间来到会议室与众人碰面，召开一个简短的复盘分析会议。

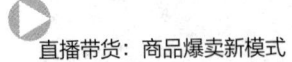

首先，由导演组的成员进行发言，直播负责人会对当日直播时长、直播观看人次、观众平均在线时长等主要数据做一个总结，让所有在场的同事有一个大致的了解。随后，直播负责人会从多个方面来总结当日直播中出现的问题，比如直播事故、操盘失误等，直播负责人会播放当日直播中出现问题的视频片段，由出现问题的个人总结出错原因并进行检讨，并对一些环节中由于硬件或场地造成的问题提出整改方案。

总结完直播环节的失误，导演组会结合销售数据来谈当日直播选品的情况。比如当天直播中有多少种化妆品、零食、日用百货等，根据数据分析复盘出当天卖得最好的商品，并从这件卖得最好的商品中找寻核心属性以及卖点，在后续的选品中会让负责选品的团队成员重点研究此类商品。

通过大数据进行复盘总结是李佳琦每次直播后必不可少的环节，用李佳琦的话来说就是："解决问题的前提是发现问题"。作为新主播，每天至少抽出 20 分钟观看自己的重点时间段的直播回放，可以使我们从直播氛围、"转粉"率、销售情况和直播话术等方面找到自己流量上不去的原因并及时改正，并争取在下一场直播中杜绝这些事故、失误的发生。

第 11 章

向成功“大 V”学习：你也可以成为“带货王”

直播带货的最底层逻辑当然是主播通过语言、动作等帮助品牌完成知名度、品牌信用背书、产品促销和产品销售的脉冲式闭环营销。如果没有掌握相应的技巧和一套完整的直播流程，即便是明星开播，也往往不会收到很好的效果。在当前活跃于直播带货圈子里的“网红大V”中，谁的商业价值最高，取决于他/她对直播带货的了解和极强的个人能力。除此之外，转型求突破的一些名人也都有着不俗的表现，他们在直播中展露的技巧值得每一位主播研究学习。

薇娅：14个带货技巧

相信很多看过薇娅带货直播的朋友都曾在她的直播间里下过单。坦白说，就连笔者也曾为薇娅的销售额做出了一份贡献，但在观看她直播的过程中，笔者也顺带归纳总结了一些可供新人主播们复用的直播带货技巧和方法。希望笔者这种边实践边分析的方式，能给正准备做直播带货的读者朋友一些启发。

带货技巧一：惊喜连连，抽奖不断

“废话不多说，我们先来一波抽奖。”这是薇娅惯用的开场白，通常情况下，薇娅出现在镜头前第一件要做的事就是直播间抽奖，在活跃了直播间气氛的同时还能让守在屏幕前的观众产生一种参与感。而且，抽奖口令简单且具有标签性，比如发送口令（弹幕）“哆啦薇娅”；或者与节日相关，比如“情人节快乐”；或是和产品相关，比如“××（某种商品名称）今日特价”。

固定的开场形式，于无形中在用户心中打了标签。对于薇娅的忠实“粉丝”而言，即便抽不到奖也去想去凑凑热闹，因此每天会准时准点地来到薇娅直播间，看薇娅直播。

带货技巧二：预告所有产品优惠力度

在第一波抽奖环节过后，薇娅会对当天带货的产品进行一次简短的播报，并对优惠力度超高的产品进行重点介绍，让观众知道今天的“重头戏”在哪，提升用户的期待值。值得一提的是，薇娅直播预报的整个过程非常自然，和用户谈笑间顺带完成了商品播报。

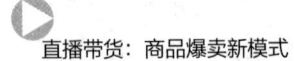

还有，薇娅有时在播报结束后会开启第二波抽奖，而奖品正是刚刚自己重点播报的商品。

带货技巧三：收集用户的需求

与众多主播相比，薇娅具有一个非常明显的特点，就是她在直播过程时刻保持和用户互动。她会像和朋友唠家常一样了解用户的顾虑，收集用户的需求，用户想要什么薇娅就卖什么。这也是薇娅“哆啦薇娅”绰号的由来，在众多“粉丝”眼中，薇娅就像哆啦A梦一样，什么都有什么都卖。只有“粉丝”想不到，没有薇娅做不到，只要是“粉丝”点名想买的商品，薇娅的团队总能很快地联系到生产该商品的厂家或是品牌商并以超高折扣拿到商品。

除此之外，薇娅还会根据大家的需求和反馈，和用户建立强连接。比如进入直播间的女人，薇娅会亲切地称她们为“薇娅的女人们”，拉近和用户的距离，增强彼此之间的信任感。

带货技巧四：对商品优缺点毫无保留，但总能将“缺点”变成用户需求

但凡是出现在薇娅直播间的商品，薇娅或是薇娅的团队成员都试用过，薇娅向用户讲解产品功能的时候，会多维度地呈现商品的优缺点，让用户感觉很真实没有套路。同时薇娅也绝不会夸大说产品适合所有人，而是会特别强调适合什么样的人，不适合什么样的人，她甚至还会把“缺点”说成是对某类人群来说的“优点”。

举个例子，薇娅有一场直播卖猪肉脯时是这样说的：“这个小零食味道还不错，味道的话我吃着稍微有点咸，非常适合‘口重’的宝宝。当然，‘口轻’的宝宝也可以少买点尝尝，因为味道真的很不错……”

带货技巧五：扩大产品的受众人群

薇娅直播过程中，当她销售一些比较小众的商品时，她会通过营造使用场景的方法来扩大产品的目标受众，讲述产品的多个使用场景。

比如直播卖“错题打印机”时，她会在讲解完产品的基本功能——打印错题后，呈现一个全新的产品使用场景：“这个不仅仅是孩子可以用，还可以当手抄本、便利贴……如果你买化妆品，上面都是英文字看不懂，你可以把它（化妆品英文注释）打印出来贴在瓶子上面，我妈就是这么干的……”

带货技巧六：语气抑扬顿挫，节奏把控到位

不得不说，薇娅专业能力很强，相比于其他主播，薇娅的语速很快，尤其是在介绍产品如何使用的时候，特别熟练一气呵成。但也不是任何时候都很快，例如在重点强调产品核心卖点的时候，薇娅会在语速上做出相应调整，用一种观众更容易听清的速度进行播报，尤其是促销信息，一般会重复至少两遍。

值得一提的是，薇娅直播时的小助手琦儿也很给力，无论薇娅介绍哪件产品，琦儿都能接得上话，在薇娅偶尔出现小失误时，琦儿也能快速站出来帮忙打圆场。琦儿虽然与薇娅联手的时间不长，但二人相当有默契，像介绍“引导关注”“截屏抽奖”“优惠信息”“产品基础功能”等内容，无须薇娅开口，琦儿就能在第一时间接上话。而反观一些刚组建直播阵容的新团队，有些助理总是不知道何时该开口，或开口说什么，容易抢主播的话。这就需要新团队在直播前做好主播和小助理的话术分工。

带货技巧七：聊使用体验，打消用户疑虑

薇娅在直播的时候，会和用户有意无意地分享，自己以及身边的朋友家人都在用直播间里的一些产品：“这个就是在我家洗漱台上的那个洗手液，我们全家都在用，味道清香淡雅，我很喜欢……”三言两语，便在无形中增强用户的信任感，提升了用户的忠诚度。

带货技巧八：引导送人，提升客单数

引导送人，增加用户单次购买数量，是薇娅直播常用的技巧。

比如薇娅直播卖茶叶的时候，提到说通过兑换卡形式获取优惠，平时不喝茶的观众可以买来送给长辈或者朋友。结果就像薇娅所说的那样，尽管一些平时不喝茶的观众，在听到薇娅所说的“买来送人、买来囤货”之后，也在超高的产品折扣下着实“冲动”了一把。

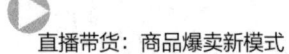

带货技巧九：转折式惊喜，阶梯式优惠

“转折式连续惊喜”是薇娅常用的促销逻辑。她在直播时先通过话术铺垫好产品有多好，然后配合全网最低价，再买赠，再加赠品！一套“组合拳”下来，一般消费者都无法再保持“理性”。

此外，薇娅还有一个典型的“优惠”技巧：“阶梯式优惠”。比如在报某商品的价格的时候，一般会这样说：“第一件 29.9 元、第二件 19.9 元、第三件不要钱免费送……”

实际上，这种阶梯式价格是变相的“捆绑销售”，但用阶梯式的报价说出来，却比 59.8 元 3 件更有吸引力，毕竟“买二送一”的优惠力度听起来就很有诱惑力。

带货技巧十：限时，限量，限价

薇娅直播间的核心竞争力是“性价比”，并且还满足了限时、限量、限价 3 个特性。在薇娅的直播间，观众可能会经常看到她团队的小伙伴也在抢，甚至有时遇到心动的商品，就连薇娅本人也在抢……

薇娅一边下单一边不忘配合限时、限量、限价的相关话术：“半价都不到，这个优惠价格，真的是只有在我的直播间才能享受到，今晚我的直播间只有 ×× 份，抢完就没了……”

通常来说，当薇娅说出“抢完就没”这四个字的时候，有的商品真会“抢完就没”，很少有商家补货的情况发生，因此当直播间的观众看到薇娅都在抢的时候，也都会积极地下单。

带货技巧十一：擅长造节，花式预告

薇娅的团队特别擅长“造节”，比如有美丽节、生活节、零食节、“粉丝”节等各种节日。薇娅会在直播中，用抽奖的形式引导观众发送相应的口令来预告这些“节日”。比如薇娅在某个自创节日的前夕，会将抽奖红包的口令改为“明天是 ×× 节，晚 8 点不见不散”，用户想要参与抽奖，就必须将这句话以弹幕的形式发送到公屏上，这样就起到了一个很好的预热效果；同时，薇娅也会在讲解其他产品的过程中，穿插一两句下次直播时自己将在节日中销售哪些性价比超高的商品。

带货技巧十二：精心“打造 " 直播间，高强度还原场景

关于直播间的场景，赵圆圆曾在文章中聊过薇娅团队：“在 2018 年，薇娅团队开始花重金打造高清直播间，当时绝大多数主播还在‘手机直播’，薇娅直播间的高清效果直接蹦了出来，对比观感就是：标清 VS 蓝光的差距。”

从那以后，薇娅几乎养成了一个习惯，当她需要离开家门，参加线下的活动时，都会跟品牌合作方提出自己的一个需求——搭建一个具备高清直播功能的直播间。

常看直播的读者可能都知道，如果直播间的画质很“渣”的话，是会影响自己的情绪以及体验的，而薇娅早在 2018 年的时候就想到了通过高清直播来提升观众体验的办法，并且一直也在坚持这么做。能够全方位为观众着想，薇娅想不火都难！

带货技巧十三：强大的供应链，注重选品

关于货源，如果是去谈供应商的话，考验的就是主播团队的谈判能力以及面对商家的议价能力。薇娅团队具有很强大的供应链，这是行业内绝大部分主播无法比拟的，也是薇娅迅速成为头部主播的主要原因。

另外，薇娅在带货的选品上，也一直做得很好。例如薇娅在选品时大多选择一些低客单价、低决策门槛、高频购买适合囤货的商品（零食、保温杯、各种日用品等），很少去碰那些高客单价且决策门槛高的产品（车子、房子等）。

带货技巧十四：打造真诚“人设”，唠家常式带货

在薇娅直播的过程中，除了“秒杀”“优惠”“开抢”等与行业息息相关的热词以外，观众在直播间中还能听到薇娅经常提起“老公”“女儿”“我妈”“婆婆”，这让用户产生一种错觉，薇娅并不是在卖货，而是在和自己唠家常。

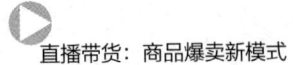

不得不说，薇娅的这种直播风格让人看着很舒服，令观众丝毫感觉不到屏幕里这个活力四射的女人隐藏着什么“套路”，观众也乐于在这种其乐融融的气氛里被转化。

李佳琦：“Oh my god”背后的带货思路

2018 年，李佳琦被称之为直播带货行业里的“顶级流量”。这一年，他创造了“30 秒涂口红最多人数”的吉尼斯世界纪录，收获了“口红一哥”的称号；这一年，与李佳琦合作的明星也逐渐多了起来，微博热搜榜上经常能够看到有关他的消息；这一年，李佳琦直播中的金句“Oh my god”“买它、买它、买它”成功破圈，成为互联网流行语，引起了更多互联网用户对他的关注。

从李佳琦“走红”的那天起，围绕他展开的话题一直持续不断：5 分钟之内卖光了 15000 支口红；与某企业家 PK 直播带货，最终以 1000（支）：10（支）的碾压式比分完胜；3 分钟卖出 5000 单资生堂红腰子，仅这一个单品的销售额就超过 600 万元；1992 年出生的他，全网“粉丝”超 5000 万，年收入千万元……

这些消息令人震惊，也让人陷入深思：李佳琦是如何做到的？是天赋异禀，还是内有玄机？李佳琦的成功能否复制？新主播又该学习李佳琦身上的哪些技巧和品质呢？

李佳琦在销售流程、销售技巧、客户心态、促单技巧等方面的确有过人之处，但并非普通主播无法理解。想要复制李佳琦，或许很难，但借鉴李佳琦的带货思路，使自己变得更优秀，完全可行。

李佳琦在直播时所展现的带货思路具体可以归纳为“开播前做好充足准

备”“揣摩观众心理”“穿插销售技巧”“收单细节”四个部分，每个环节中又蕴含着多个要点。

开播前做好充足准备

我们常说“不打无准备之仗”，因为直播的时候面对的都是真实用户，谁也不知道会发生什么事情，场面是比较不可控的，所以提前做一些销售方面的准备，有利于主播把控直播的节奏，也能够提高带货的成交率。

1. 销售辅助道具的准备

想要提高直播带货的转化率和成交率，除了商品本身的价值之外，我们还可以准备一些辅助的工具。李佳琦和他的团队在这点上就做得很到位，例如当需要谈价格优势，展示打折力度大的时候，李佳琦的助理会拿出计算器当着观众的面计算；当谈到产品是与某明星同款，助理则会拿出准备好的大幅明星海报；当需要演示如何在下单前领取优惠券时，助理会拿出手机，演示下单的步骤和界面。

播前准备可以让主播更加轻松地掌控直播间的节奏，对整场直播有正面推动的积极作用。而且能够展示产品优势的销售工具，远比仅凭一张嘴说得天花乱坠，更让客户信服。

2. 推荐重心：卖点的准备

通常，具有潜在爆款属性的产品都具备很多卖点，可如果主播把产品的每个卖点都讲一遍，反而会令这个产品显得很平庸。

李佳琦在推荐每款产品的时候，通常只会抓住一到两个核心卖点进行主推。在有限的几分钟时间里把核心卖点讲透，并搭配“花样展示”来佐证自己的观点，打动观看直播的用户。

那么，什么是“花样展示”呢？李佳琦亲自试用；展示产品的成分，讲解专业的名词；讲解化妆中的问题、技巧、小知识；讲故事，可能是自己或周围人的经历，也可能是商品的品牌故事；或让助理或是团队其他成员配合自己进行化妆或做试验；或用一些趣味的小试验，展示商品的核心卖点……

在发力点上，李佳琦会着重宣传产品的一到两个卖点，但是在发力形式上，李佳琦则力图多样，减少观众的重复观感。

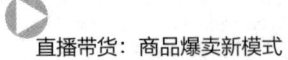

揣摩观众心理

心理学高手并不一定能够做好带货直播，但带货达人一定都是把握客户心理的高手。在李佳琦的直播间，有以下三种心理学思维经常被他使用。

1. 塑造专家形象

很多人在下重要决定的时候，都愿意参考专家的意见。而李佳琦精心打造的"人设"方向，就是一个美妆领域的专家。在李佳琦的直播间，观众经常会听到化妆、护肤方面专业知识的讲解："粉饼和散粉的区别还是很大的，粉饼因为体积小，方便携带，一般作为补妆使用，但是大部分粉饼是有轻微遮瑕效果的，妆感相对来说会比较厚重。散粉属于百分之八十透明状态，使用后面部看起来更清爽……"

诸如此类的知识性内容，恰好是观众需要并愿意给予更多耐心聆听的。而李佳琦在讲解此类内容的过程，就是在观众心智中建立专家形象的过程。另外在讲解时，李佳琦并非全程使用专业名词术语，而是会穿插一些够通俗易懂的"大白话"让观众听明白。

2. 明星效应

明星效应，核心卖点是一种自我实现——自己没办法拥有某明星的颜值、名气、演技、收入……但至少自己可以凭努力，购买一件明星同款的衣服、饰品、化妆品……

在客户这样的心态下，明星同款的话术，可以说是屡试不爽。但问题是太多人在使用"这是与某明星同款"的话术，所以客户心里已经有了一定免疫力。而李佳琦讲到的某明星同款，往往会出示证据，来佐证自己所言非虚，甚至有时直接邀请某位明星做自己的直播嘉宾。

3. 自用款：以自己信誉做担保

在李佳琦直播间，"李佳琦自用款"几乎是直播间最强的推荐词。"自用"的背后，是敢于压上自己的信誉给产品担保，敢于拿出自己的皮肤健康给产品担保，更重要的是在表明"自己也是这个产品的使用者"的身份之后，接下来的描述，观众更容易把主播看作同一立场，同为消费者，更容易相信主播的描述。

当然，“自用款”的话术并不是李佳琦“张口就来”的，而是本着实事求是的态度。在李佳琦直播间，观众们只要听到“自用款”这个词，伴随而来的画面往往是李佳琦亲身试用产品，无论是化妆品还是洗手液，直接拆开包装就进行展示，有时李佳琦的妹妹、妈妈也会被他拉到镜头前，客串试用模特，以向观众们传递自己对于所售产品质量的信心。而这份信心，也会换取观众的信任，并最终转化为一部分销量。

穿插销售技巧

熟悉李佳琦的读者应该都知道，李佳琦曾是欧莱雅门店下的一名销售顾问，因为大多数顾客并不愿意直接试色柜台的样品口红，于是他开始尝试用自己的嘴为顾客试色，并多次获“销售冠军”称号。身为欧莱雅旗下销售额数一数二的“柜哥”，李佳琦在销售技巧上，也有诸多可供新主播借鉴学习的地方。

1. 多种趣味实验演示

增强观众对产品的信心，除了真人演示之外，李佳琦在直播时还会表演多种趣味实验，来展示和产品核心卖点相关的特性。比如，他曾用洗面乳打泡泡，然后在打出的泡泡上放一枚硬币，用泡泡不塌不破来说明泡泡的致密细腻。

趣味实验，除了直观地表现产品核心卖点之外，还有就是本身的趣味性也会让直播间变得活跃，直播变得好看、有趣、粘住用户。因为让用户停留的时间越长，越有可能产生消费。

2. 放大产品价格优势

但凡做直播带货的主播都喜欢卖价格有优势的产品，因为销量有保证。但并不是所有人都清楚地知道，商品价格的“低”，是“比”出来的。李佳琦在介绍产品时经常给自己的产品选择一个参照物，无形之中可以放大自己产品的价格优势。例如卖咖啡，李佳琦会对比连锁便利店的价格；卖大牌化妆品，他会对比线下专柜的价格……这些参照物，都是同款商品在现实中价格比较贵的地方。而用这些价格作对比，则更加显著地展示李佳琦直播间的低价优势。

3. 善用“销控”，把握节奏

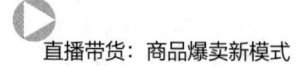

“销控”从字面理解就是销售控制，通过人为控制销售的节奏可以营造出火爆的销售场面。李佳琦在推荐某些商品时是逐步上架的。比如 A 商品备货可能有 5000 件，但是第一次只上架 1000 件，秒光了再上 1000 件，再秒光再上……

销控的好处有二：第一，营造出一种短时间秒光的火爆氛围。试想一下，如果 A 商品上架 5000 件，1 分钟内只卖掉 1000 件，相当于只卖掉 20%，可如果先行只上架 1000 套，则变成了上架 1 分钟全秒光。从感觉上，是不是后者火爆了很多？而这种火爆的氛围，是可以带动很多持观望心态的观众下决心下单的。第二，调动了用户“抢购”的心态。“抢购”“稀缺”“过时不候”“数量有限”，这些都是在唤醒人大脑中关于安全的本能。消费者由于“怕失去”“怕错过”，因此会在很大程度上降低“商品对我是否有用”的思考。这也是一种变相的“饥饿营销”手段。

收单细节

1. 打消下单顾虑

对带货主播来说，成单最难的时刻，恐怕就是收单环节了。解决买单顾虑，有个常见好用的方法，就是当消费者出现犹豫的时候，主播能够及时洞悉消费者的疑问，并通过详细的解答打消消费者的顾虑。

在李佳琦的直播间，观众经常会听到类似“准妈妈也可以放心使用”“小朋友也可以放心使用”的话语。李佳琦说这些话的主要作用，并非把买单用户锁定到孕妇、小朋友身上；而是借用对于安全有特殊严格需求的孕妇、小朋友群体也可使用，来说明正在售卖的产品安全可靠无刺激，来推动更多普通消费者放下对安全性、刺激性的顾虑，立刻下单。

在打消买单顾虑上，李佳琦还有一个技巧，就是会劝新“粉丝”以及不确定这件商品自己是否适用的“粉丝”谨慎下单，或是第一次少买一点。

2. 关注下单流程

每次直播，李佳琦总是不厌其烦地讲解下单流程，在哪里领优惠券，优惠券如何使用等。李佳琦几乎每件商品都会做讲解演示，作用有两个：一是引导下单行动；二是排除下单过程中客户不熟悉操作的隐患。

引导下单行动，是在观众对产品是否购买犹豫不决的时候，有经验的主播会适时地做一个动作，起到“推一把”的作用，促使客户完成最后购买的一步。在直播间，李佳琦下单流程的讲述，也起到了这个作用。

而排除下单操作中的障碍，是站在新用户的角度，防止新用户不熟悉网购操作。当面对上百万人，一晚上可能上千万甚至数千万销售额的时候，哪怕只有 1% 的人不熟悉操作而下单失败，带来的损失都是巨大的。

对于带货主播来说，消费者在买单上的问题，永远都是主播的问题，而不是用户的问题。因为用户无法买单带来损失的，最大的输家永远是主播。

罗永浩：既赚钱，也为交朋友

点开罗永浩的抖音主页面，可以清晰地看到在“抖音官方认证”一栏里显示的身份信息是“交个朋友科技首席推荐官”，在获得这个“新身份”的前两年，罗永浩的创业路可谓走得异常艰辛。

罗永浩曾上了“被执行人”名单，这件事一度登顶微博热搜。也让很多“吃瓜群众”感到奇怪，不知道那个几年前还野心勃勃，说出过“十年内，手机行业会再次遭劫！锤子是特别的存在”这样狠话的“老罗”为何沦落至此。实际上，很少有人知道的是，自 2018 年下半年以来锤子科技的欠款甚至一度高达六亿，如今已经还完三亿债款。罗永浩在采访中曾表示自己虽然已经离开锤子公司，但债款自己责无旁贷，就算砸锅卖铁也会还上剩下的债款，就算是“卖艺”也得还上。

当初“卖艺”的言论也许只是老罗用以表明自己努力偿债的决心，如今看来，竟是一语成谶。2020 年 3 月 19 日，罗永浩发微博称，自己看了招商证券的一份调研报告之后，决定转行做电商直播，甚至公布了招商团队的联系方式，此时的他大概是已经为自己今后的方向做好了选择。几天后，罗永浩的微博发布了一条消息声称已经正式签约抖音平台，今后他将通过抖音平台进行直播带货。此消息一出，无论是罗永浩的“粉丝”还是一旁的“吃瓜群众”都是无比惊讶，老罗这次真的是要开始“卖艺”了？随后，罗永浩在自己的抖音平台发布了第一个视频，视频宣称他将于 4 月 1 日正式开启首场直播，并定下了老罗直播带货生涯的原则："基本上不赚钱，主要为交个朋友。"

很多伴随罗永浩走过多年的“粉丝”都认为，老罗确实是个不错的朋友，因此对于他的直播带货的“基本上不赚钱、只为交个朋友”的言论普遍会心一笑。诚然交朋友是必须的，但老罗也要赚钱讨生活，况且他还背着一笔多数人想不都敢想的巨债。对此，“粉丝”们也在罗永浩的微博主页里纷纷留言，表示自己理解并承诺会在罗永浩首播时进入直播间捧场。

那么既然带货这种行为涉及“赚钱盈利”，为何老罗还坚持将“不赚钱”作为自己的宣传语并且沿用至今呢？其实，罗永浩说这个话的时候确实是站在消费者的角度去考虑的。尽管罗永浩此前从未接触过直播行业，但凭他在商场多年累积下来的名声和关系足以使与他进行合作的商家给出一个市场最低价，也就说如果观众去实体店买或者通过别的渠道购买，是绝对比这个价格还要高的，那么从这个角度来说，老罗确实没有想着去挣消费者的钱，反而是帮用户在省钱。只不过后续发生的一些事情以及“低过老罗”的口号爆火是很多人没有想到的，这倒不能怪老罗议价能力弱，实在是那些商家为了蹭上这波热点而做起了赔本的买卖，甘愿自掏腰包，也要让同款商品低过罗永浩的直播间价格。

面对观众和“粉丝”，虽然在首播时罗永浩频繁出现失误，但整体直播效果还是非常不错的，即让“粉丝”得到了优惠，又让更多观众通过直播认识了自己，与自己“交了个朋友”；而老罗本人也通过“坑位”费和佣金赚了一大笔钱补贴债务，简直做到了“三赢”。为什么是“三赢”呢？因为在罗永浩带货的过程中商家也得到了一定程度上的品牌曝光和产品推广。

在带货这条路上，老罗是个与众不同的主播，他更偏向于和用户、品牌商“交个朋友”，而非赤裸裸的合作关系。点开罗永浩的微博主页，你会惊奇地发现，他的微博已经被他运营成了一个“大型交友现场”，在主播日常开播预告上，老罗的微博里不仅有品牌露出，同时字里行间还透露出主播与品牌之间的深情互动。例如某家在微博推广中给出的文案是 :“是什么，让‘老男孩’的罗老师，依然勇敢去闯，永远热泪盈眶？是什么，助他通往彪悍的人生路上，一往无前，加速到底？安全感这件事，@ 罗永浩和我们一拍即合，一锤定音。”

当罗永浩首播出现严重失误时，第二天，与之合作的吉列 Gillette 也通过官方微博发表了声援 :“在你每次选择开始一段新旅途的时候，总有人嘲笑你的梦想，谁说中年男人没办法再变回曾经的那个精神小伙，我们刮掉胡子，锋芒上路，永远热感，永远热泪盈眶。”除吉列 Gillette，联想集团、XGIMI 极米等品牌商也发声表示将继续支持罗永浩。足以见得罗永浩在商场中的人缘有多好。

当然，罗老师也不是每次交友都能成功，例如某款健身品牌的在与罗老师洽谈的时候，忽然意识到罗永浩的形象（身材）不大符合自己公司的产品，于是选择放弃这次合作。对此，罗永浩在微博中表示理解，并坦言说未来三四个月后，自己要是瘦身成功，可以再聊聊合作的事情。罗老师“交个朋友”的江湖态度有一种“买卖不成仁义在、这次不成下次约”的缓冲余地。在与品牌方一唱一和间，原本严肃的商业合作竟表现出了一种有血有肉的人情味，顿时有了一种老罗的个人特质所带来的江湖魅力。

“交个朋友”既是老罗向观众、品牌商发出的一种邀请，也是合作不成留下的一份余地。能进一步就愉快牵手，若是不对路子，也能和平分手，重在交流认识的机会和过程。对于直播带货来说，这种软性销售的态度，弱化了大家对以往直播的“买买买”印象。为观众提供了一种即使不买，也想去看看的可能性。对于老罗来说，创业多年，四处拼杀，无论对于品牌还是“粉丝”都有一种带着江湖豪情感觉的邀请。对于品牌来说，“交个朋友”不仅可以推产品，还可以与老罗甚至消费者进行情感上的沟通，把硬性的商业合作和销售转变成软性的公关输出渠道。在朋友的身份里，大家都能游刃有余。

刘涛：对自己足够狠

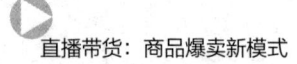

明星放下身段加入直播带货的行列早已见怪不怪，但很多观众却发现，很多有流量的明星，乃至人气超高的巨星都无法保证销量。尤其是一些没经过培训便匆匆“上岗”的明星在直播中会经常“翻车”。例如某知名主持人在直播中屡次出现口误状况；某影视明星首播时因销量过低导致情绪失控，落泪崩溃；某演员由于缺乏对产品的了解，在直播间与观众发生口角，当即下播……

当然，在加入直播带货的众多明星中，也有不少金钱、口碑双丰收的明星，例如刘涛，就是直播行业中一道亮丽的风景线。

客观来讲，已过不惑之年的刘涛，在娱乐圈里的人气并不属于顶流，她在直播带货时也从未请过明星朋友前来客串助播，甚至在做直播带货前自己也很少通过线上购物，但刘涛入驻聚划算平台以来，却一直销量斐然。

2020 年 5 月 14 日，刘涛第一次以带货主播的身份在直播间里和观众们互动，在这场长达 4 个小时的直播首秀中，刘涛表现出的敬业态度和对产品的熟悉程度，让很多观众感到惊讶。网友或许是被刘涛的敬业态度所感染，刘涛直播间的围观者累积达到了 2100 万之多，并最终让她的首场带货成交金额定格在 1.48 亿元。对比很多同咖位的艺人明星，这是一个了不起的数字。

刘涛首秀带货破亿元的背后，除了消费者对她的喜爱，更重要的原因则是刘涛开播前的准备工作做得很到位。看得出来，为了这场直播，刘涛付出了极大的辛勤努力。

作为淘宝聚划算钦点的官方优选官，刘涛的带货能力毫不逊色于其在影视作品中的表现。整场直播的过程中，刘涛全程主动讲解，描述自己选品的初衷和使用的体验，以及产品涉及的一些专业的卖点。整个流程非常流畅，演示起来也很专业，一看就是提前认真准备过的，绝不是顶着明星光环随便刷个脸、卖个萌就让“粉丝”下单消费，扎实的业务能力足以“秒杀”多数带货的明星。

此外，刘涛直播时所采用的“沉浸式”直播带货模式也一致受到了观众的好评。刘涛以自己家的客厅、厨房为场景，充满自然居家气息的直播氛围也令观众自然而然地产生贴近与信任感，将“卖货”这件事转变为邻家姐姐与自己的“好物分享会”。

而在这场分享会上，刘涛“聚划算优选官”的身份也为她带来了极大的便利。在聚划算平台的牵引下，各大品牌商齐来助阵：苹果的 iPhone11，iPad，无线耳机 AirPodspro；阿迪达斯的椰子鞋；飞天茅台；戴森吹风机；5 折海景房；2 折公务舱机票；众多大牌的化妆品……商品单价有高有低，样式更是五花八门，更主要的是这些商品的价格都“低得吓人”，有些商品上架不到 3 秒便被抢购一空，直播间里没有抢到心仪商品的观众纷纷在弹幕中发言希望可以补货。

“刘涛推荐的商品确实很用心，价格上很优惠。”这是不少观众的想法。刘涛也在介绍产品的间歇坦言，自己在直播前就不停地开会，以期让大家买到更好的商品。这样的贴心举动，自然赢得了无数观众的好感。

熟悉刘涛的“粉丝”都知道，刘涛不论是对待自身还是对待工作，都是高标准严要求，这一点也淋漓尽致地体现在了选品这个环节上。刘涛团队对选品的严苛在业内是出了名的，可以说刘涛直播时推荐的每一件商品，背后都是由团队层层把关、严格筛选才挑出来的优质良品。被选上的商品不仅需要有过硬的品牌实力，而且还要有特点、物美价廉，最后还要经过刘涛本人的反复试用并得到认可之后，才得以在直播间中推荐给“粉丝”。

因此，刘涛在宣传产品的时候往往从自身的实际体验和角度出发，引起观众的共情。以刘涛在直播间带货的某复式分类洗衣机为例，刘涛先是表达了让每个人都能感同身受的日常生活中的洗衣痛点：平时下班后很累不想洗衣服，但是出于对健康的考虑，又不能将内衣跟其他衣服混合在一起洗，而随后她介绍这台洗衣机就很巧妙地解决了这个问题，从根源上实现上下分层的分类洗衣，为健康洗衣的需求保驾护航。

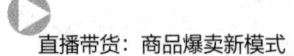

在推荐这款洗衣机的过程中，刘涛亲自打开洗衣机介绍它的具体功能，比如它的上筒是 1 千克容量，能洗涤一些勤换洗的衣服、内衣之类的。下筒有 10 千克的容量，可以一次性洗很多衣服甚至还能塞进两套床单被套、窗帘等大件。而且上筒下筒可以同步洗衣节省整体洗涤时间，还可以单独用上筒或下筒洗涤，非常方便。刘涛从自己的切身体会出发，完美突显了 TCL 复式分类洗衣机这款产品的优势，加上直播间给出的劲爆价格，瞬时就引起了抢购狂潮。

董明珠：直播分销的商业逻辑

直播的节奏在 2019 年被薇娅、李佳琦等头部带货主播全面提速。到了 2020 年，直播带货已经进入到“全民带货”的时代，无论是“网红达人”、明星艺人还是企业老板，都纷纷入局。“6・18”当天，格力空调董事长董明珠女士在带货的路上“一骑绝尘”，创造了直播带货历史上个人单场直播的最高销售额 102.7 亿元。

102.7 亿元人民币，什么概念？这超过了格力电器 2020 年第一季度营收（203.96 亿元）的 50%，这样的带货成绩恐怕在未来很长的一段时间内都无人可以打破。而一个多月前（4 月 24 日），董明珠在直播带货的首秀上，销售额才只有 22.53 万元，是的，你没看错，的确是 22.53 万元。

从首秀到一举创下直播带货行业的百亿记录，这期间董明珠总共做了 5 场直播，销售额分别是 22.5 万、3.1 亿、7 亿、65.4 亿、102.7 亿。面对爆炸式增长的销售曲线，很多人提出了质疑，认为这可能是格力集团自导自演的“刷单”大戏，目的是让格力空调在社会上产生话题，但事实上，这些质疑格力的人恐怕要失望了，因为这些销售额都是实打实的真实数据，并没有任何虚伪造假的成分。

董明珠之所以能在直播中取得如此亮眼的成绩，最主要的原因在于她背后的商业逻辑。很多人可能并不清楚，董明珠获客的方式与目前直播带货主流的引流方式有很大区别，她靠的是麾下数万名格力空调经销商从线下获取的流量，然后由她在线上直播间完成转化。

董明珠这种独有的获客方式是如何操作的呢？很简单，大量的经销商会在线下用各种各样的方法聚集流量。比如，当消费者来实体店看空调时，经销商以赠送小礼品、群内不定期抢红包等方法吸引消费者加群，等到董明珠开直播的当天，这些经销商会在群里发送一个专属的二维码，通过扫描二维码，数以百万计的消费者能够快速涌入董明珠的直播间内。

实现这一环节的关键点在于经销商，想要让经销商全心全力配合，这需要一定程度上的技术支持，比如消费者进入直播间所扫描的二维码就是特制的，是每个经销商所特有的，通过自己的二维码进入直播间的消费者一旦下单，那么格力就能给相应的经销商提成，在提成的刺激下，经销商拉客更加卖力。

因此从这个角度上来看，董明珠的直播带货，本质上采用的是直播分销的逻辑。经销商的价值是引流，而直播间的价值是转化。从经销商引流，到直播间转化，这其中还有很多促进转化的小活动。比如，“膨胀金”就是引流玩法的一种。膨胀金是早些年很多电商都使用过的玩法：顾客先付一定数额的膨胀金，等到活动时这些预先支付的膨胀金会变成金额不等的优惠券（额度超过预支付），但无论顾客是否购买商品，膨胀金都不会退还。这种做法，一方面可以确保用户到场，另一方面可以增加用户的参与感、提高转化率。

董明珠也将“膨胀金”的玩法搬到了直播带货中，不过她没有贯彻之前的“膨胀金”玩法，以往很多商家在活动中设置的膨胀金无法返还，意思就是预支付的钱在变成优惠券后只能购买商家的产品，如果消费者不买，优惠券也不能退。而董明珠对于“膨胀金”的设置规则却相对温和，如果消费者支付了“膨胀金”却没有在直播间下单，在直播结束后“膨胀金”是可以返还给消费者的，在这点上，格力公司的做法非常人性化。

搞定了客源，紧接着经销商该得到的提成，一分钱也不能差。我们知道，即便是同一个型号的空调在全国范围，它的售价也是会根据地区、政策的不同而有所差异的。格力只会给出一个建议的零售价，但空调的具体售价，只要在合理的范围内，格力是很少会去管经销商如何定价的。

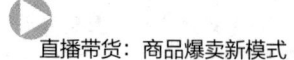

假设一款空调，经销商的进货价是 3200，格力空调的建议零售价是 4000。而在一、二线城市，由于空调品牌之间竞争激烈，有时经销商会搞活动卖到 3600。那么董明珠在直播时开出了什么价呢？大概比 3600 再低 5%，卖到 3400 左右，介于经销商的进货价和线下最低的零售价之间。当消费者在直播间成功下单之后，格力总部会通过二维码来追溯每个经销商带来了多少流量，产生了多少销售额，然后给各地的经销商分钱。比如，一名经销商带来的用户成交了 100 台，销售额是 34 万。格力总部会直接将这 34 万元的货款转给经销商，再由经销商用这笔货款从格力公司以 3200 的价格购买一百台空调，这其中的 2 万元差价，就是经销商的纯利润。当然，这还仅仅是经销商分到的第一笔钱。

除此之外，经销商还能分到第二笔钱。并不是所有的消费者都是通过经销商引流到直播间的，也有一些消费者是通过格力的官方宣传或其他方式进来的。这样的用户下单后，格力总部会根据用户的收货地址，将订单分配给对应区域的经销商。这些用户并不是经销商所带来的流量，因此经销商赚不到 200 元每台的差价。但经销商却可以赚到一笔安装服务费，在一线城市，安装一次空调的服务费在 200 元左右，而扣除三分之二或者四分之三的工人成本，经销商还能赚到几十块的差价。这是众多经销商能够分到的第二笔钱。

那么，优惠都给了消费者和经销商，格力是否赚钱呢？不少人心里产生疑问，单场直播超过 100 亿元的销售额，是不是原本就属于格力的线下市场，只不过现在通过直播带货的形式消化掉。还是说，这 100 多亿的销售额中，本来有些人是准备买其他品牌的，但是由于直播最终选择了格力？根据“中国报告大厅”发布的相关报告中在董明珠做直播以来，直播间下单的用户中约有 85% 是曾使用过格力电器的忠实用户，其余 15% 此前几乎没用过任何格力的产品。这意味着董明珠通过直播带货为格力创造了很多的无形收益，相当于格力整体降价了 5%，却为格力带来了很多新用户，这其实对格力来说非常划算的。

对于个人带货主播来说，董明珠和格力的成功几乎不可复制，想要达到格力的高度，至少需要做好以下三方面工作。

充分的IT建设

二维码追溯、线上成交、销售分成等一系列流程的环节，都需要强大的IT系统作为支持。而在开始做直播带货很久之前，格力公司就已经做好了相应的IT建设。

清晰的区域划分

在直播带货的过程中，总会有一些不是由经销商带来的流量。那这些流量到底应该算谁的？格力在经销商体系中，早就做好了清晰的区域划分。每一个送货地址，都有对应的经销商。所以就能很容易地把这些用户分配给相应区域的经销商，由经销商完成售后服务。经销商也能获得相应的服务费。

严格禁止跨区销售

格力公司对经销商的管理是非常严格的，比如，A是这个区域的经销商，如果A想把格力电器卖到另外一个不属于自己经营范围的区域,这是根本做不到的。因为格力出厂的每台空调都具有区域激活码，如果A将空调卖到别的区域，就无法激活电器，电器无法正常使用。这在技术上，杜绝了经销商跨区销售的念头。因此，在直播中，就不会出现经销商借着活动囤货，再到另一个区域销售的情况了，因此也就不会破坏原有的销售体系。

这是格力公司直播分销玩法中的三大规则。当然，董明珠创造百亿直播带货纪录还有一些其他的原因。比如各个渠道的配合，直播中董明珠对格力文化、格力技术的大力宣传等都为消费者下单注入了信心与勇气。

目前，绝大多数带货主播，都是靠主播自己或小团队完成引流和转化，而格力的直播带货，则是带领全国的经销商来完成引流和转化。这是一个人和一支训练有素的军队的根本区别。在董明珠身后，是数万名经销商铁军，是扎实的销售体系，是完善的IT系统。也许，这才是企业做直播带货该有的样子。

附录

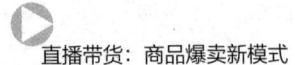

《网络直播营销管理办法（试行）》

第一章　总则

第一条　为加强网络直播营销管理，维护国家安全和公共利益，保护公民、法人和其他组织的合法权益，促进网络直播营销健康有序发展，根据《中华人民共和国网络安全法》《中华人民共和国电子商务法》《中华人民共和国广告法》《中华人民共和国反不正当竞争法》《网络信息内容生态治理规定》等法律、行政法规和国家有关规定，制定本办法。

第二条　在中华人民共和国境内，通过互联网站、应用程序、小程序等，以视频直播、音频直播、图文直播或多种直播相结合等形式开展营销的商业活动，适用本办法。

本办法所称直播营销平台，是指在网络直播营销中提供直播服务的各类平台，包括互联网直播服务平台、互联网音视频服务平台、电子商务平台等。

本办法所称直播间运营者，是指在直播营销平台上注册账号或者通过自建网站等其他网络服务，开设直播间从事网络直播营销活动的个人、法人和其他组织。

本办法所称直播营销人员，是指在网络直播营销中直接向社会公众开展营销的个人。

本办法所称直播营销人员服务机构，是指为直播营销人员从事网络直播营销活动提供策划、运营、经纪、培训等的专门机构。

从事网络直播营销活动，属于《中华人民共和国电子商务法》规定的“电子商务平台经营者”或“平台内经营者”定义的市场主体，应当依法履行相应的责任和义务。

第三条　从事网络直播营销活动，应当遵守法律法规，遵循公序良俗，遵守商业道德，坚持正确导向，弘扬社会主义核心价值观，营造良好网络生态。

第四条　国家网信部门和国务院公安、商务、文化和旅游、税务、市场监督管理、广播电视等有关主管部门建立健全线索移交、信息共享、会商研判、教育培训等工作机制，依据各自职责做好网络直播营销相关监督管理工作。

县级以上地方人民政府有关主管部门依据各自职责做好本行政区域内网络直播营销相关监督管理工作。

第二章　直播营销平台

第五条　直播营销平台应当依法依规履行备案手续，并按照有关规定开展安全评估。

从事网络直播营销活动，依法需要取得相关行政许可的，应当依法取得行政许可。

第六条　直播营销平台应当建立健全账号及直播营销功能注册注销、信息安全管理、营销行为规范、未成年人保护、消费者权益保护、个人信息保护、网络和数据安全管理等机制、措施。

直播营销平台应当配备与服务规模相适应的直播内容管理专业人员，具备维护互联网直播内容安全的技术能力，技术方案应符合国家相关标准。

第七条　直播营销平台应当依据相关法律法规和国家有关规定，制定并公开网络直播营销管理规则、平台公约。

直播营销平台应当与直播营销人员服务机构、直播间运营者签订协议，要求其规范直播营销人员招募、培训、管理流程，履行对直播营销内容、商品和服务的真实性、合法性审核义务。

直播营销平台应当制定直播营销商品和服务负面目录，列明法律法规规定的禁止生产销售、禁止网络交易、禁止商业推销宣传以及不适宜以直播形式营销的商品和服务类别。

第八条　直播营销平台应当对直播间运营者、直播营销人员进行基于身份证件信息、统一社会信用代码等真实身份信息认证，并依法依规向税务机关报送身份信息和其他涉税信息。直播营销平台应当采取必要措施保障处理的个人信息安全。

直播营销平台应当建立直播营销人员真实身份动态核验机制，在直播前核验所有直播营销人员身份信息，对与真实身份信息不符或按照国家有关规定不得从事网络直播发布的，不得为其提供直播发布服务。

第九条　直播营销平台应当加强网络直播营销信息内容管理，开展信息发布审核和实时巡查，发现违法和不良信息，应当立即采取处置措施，保存有关记录，并向有关主管部门报告。

直播营销平台应当加强直播间内链接、二维码等跳转服务的信息安全管理，防范信息安全风险。

第十条　直播营销平台应当建立健全风险识别模型，对涉嫌违法违规的高风险营销行为采取弹窗提示、违规警示、限制流量、暂停直播等措施。直播营销平台应当以显著方式警示用户平台外私下交易等行为的风险。

第十一条　直播营销平台提供付费导流等服务，对网络直播营销进行宣传、推广，构成商业广告的，应当履行广告发布者或者广告经营者的责任和义务。

直播营销平台不得为直播间运营者、直播营销人员虚假或者引人误解的商业宣传提供帮助、便利条件。

第十二条　直播营销平台应当建立健全未成年人保护机制，注重保护未成年人身心健康。网络直播营销中包含可能影响未成年人身心健康内容的，直播营销平台应当在信息展示前以显著方式作出提示。

第十三条　直播营销平台应当加强新技术新应用新功能上线和使用管理，对利用人工智能、数字视觉、虚拟现实、语音合成等技术展示的虚拟形象从事网络直播营销的，应当按照有关规定进行安全评估，并以显著方式予以标识。

第十四条　直播营销平台应当根据直播间运营者账号合规情况、关注和访问量、交易量和金额及其他指标维度，建立分级管理制度，根据级别确定服务范围及功能，对重点直播间运营者采取安排专人实时巡查、延长直播内容保存时间等措施。

直播营销平台应当对违反法律法规和服务协议的直播间运营者账号，视情采取警示提醒、限制功能、暂停发布、注销账号、禁止重新注册等处置措施，保存记录并向有关主管部门报告。

直播营销平台应当建立黑名单制度，将严重违法违规的直播营销人员及因违法失德造成恶劣社会影响的人员列入黑名单，并向有关主管部门报告。

第十五条　直播营销平台应当建立健全投诉、举报机制，明确处理流程和反馈期限，及时处理公众对于违法违规信息内容、营销行为投诉举报。

消费者通过直播间内链接、二维码等方式跳转到其他平台购买商品或者接受服务，发生争议时，相关直播营销平台应当积极协助消费者维护合法权益，提供必要的证据等支持。

第十六条　直播营销平台应当提示直播间运营者依法办理市场主体登记或税务登记，如实申报收入，依法履行纳税义务，并依法享受税收优惠。直播营销平台及直播营销人员服务机构应当依法履行代扣代缴义务。

第三章　直播间运营者和直播营销人员

第十七条　直播营销人员或者直播间运营者为自然人的，应当年满十六周岁；十六周岁以上的未成年人申请成为直播营销人员或者直播间运营者的，应当经监护人同意。

第十八条　直播间运营者、直播营销人员从事网络直播营销活动，应当遵守法律法规和国家有关规定，遵循社会公序良俗，真实、准确、全面地发布商品或服务信息，不得有下列行为：

（一）违反《网络信息内容生态治理规定》第六条、第七条规定的；

（二）发布虚假或者引人误解的信息，欺骗、误导用户；

（三）营销假冒伪劣、侵犯知识产权或不符合保障人身、财产安全要求的商品；

（四）虚构或者篡改交易、关注度、浏览量、点赞量等数据流量造假；

（五）知道或应当知道他人存在违法违规或高风险行为，仍为其推广、引流；

（六）骚扰、诋毁、谩骂及恐吓他人，侵害他人合法权益；

（七）传销、诈骗、赌博、贩卖违禁品及管制物品等；

（八）其他违反国家法律法规和有关规定的行为。

第十九条　直播间运营者、直播营销人员发布的直播内容构成商业广告的，应当履行广告发布者、广告经营者或者广告代言人的责任和义务。

第二十条　直播营销人员不得在涉及国家安全、公共安全、影响他人及社会正常生产生活秩序的场所从事网络直播营销活动。

直播间运营者、直播营销人员应当加强直播间管理，在下列重点环节的设置应当符合法律法规和国家有关规定，不得含有违法和不良信息，不得以暗示等方式误导用户：

（一）直播间运营者账号名称、头像、简介；

（二）直播间标题、封面；

（三）直播间布景、道具、商品展示；

（四）直播营销人员着装、形象；

（五）其他易引起用户关注的重点环节。

第二十一条　直播间运营者、直播营销人员应当依据平台服务协议做好语音和视频连线、评论、弹幕等互动内容的实时管理，不得以删除、屏蔽相关不利评价等方式欺骗、误导用户。

第二十二条　直播间运营者应当对商品和服务供应商的身份、地址、联系方式、行政许可、信用情况等信息进行核验，并留存相关记录备查。

第二十三条　直播间运营者、直播营销人员应当依法依规履行消费者权益保护责任和义务，不得故意拖延或者无正当理由拒绝消费者提出的合法合理要求。

第二十四条　直播间运营者、直播营销人员与直播营销人员服务机构合作开展商业合作的，应当与直播营销人员服务机构签订书面协议，明确信息安全管理、商品质量审核、消费者权益保护等义务并督促履行。

第二十五条　直播间运营者、直播营销人员使用其他人肖像作为虚拟形象从事网络直播营销活动的，应当征得肖像权人同意，不得利用信息技术手段伪造等方式侵害他人的肖像权。对自然人声音的保护，参照适用前述规定。

第四章　监督管理和法律责任

第二十六条　有关部门根据需要对直播营销平台履行主体责任情况开展监督检查，对存在问题的平台开展专项检查。

直播营销平台对有关部门依法实施的监督检查，应当予以配合，不得拒绝、阻挠。直播营销平台应当为有关部门依法调查、侦查活动提供技术支持和协助。

第二十七条　有关部门加强对行业协会商会的指导，鼓励建立完善行业标准，开展法律法规宣传，推动行业自律。

第二十八条　违反本办法，给他人造成损害的，依法承担民事责任；构成犯罪的，依法追究刑事责任；尚不构成犯罪的，由网信等有关主管部门依据各自职责依照有关法律法规予以处理。

第二十九条　有关部门对严重违反法律法规的直播营销市场主体名单实施信息共享，依法开展联合惩戒。

第五章　附则

第三十条　本办法自 2021 年 5 月 25 日起施行。